秦 华 主编

深度学习与学科融合

中小学美术单元化教学案例集

编委

徐 军　沈 兰　何建宏　虞红日　管书军

赵婧嫱　蔡 烨　杜丽姣　王娅婷

南京师范大学出版社

图书在版编目（CIP）数据

深度学习与学科融合：中小学美术单元化教学案例集 / 秦华主编 . -- 南京：南京师范大学出版社，2024.9. -- （美术学科核心素养教学指导用书）. -- ISBN 978-7-5651-6432-3（2025.7重印）

Ⅰ . G633.955.2

中国国家版本馆 CIP 数据核字第 2024WP2226 号

书　　　名	深度学习与学科融合：中小学美术单元化教学案例集
主　　　编	秦　华
丛 书 名	美术学科核心素养教学指导用书
策 划 编 辑	何黎娟
责 任 编 辑	杨　洋
出 版 发 行	南京师范大学出版社
地　　　址	江苏省南京市玄武区后宰门西村 9 号（邮编：210016）
电　　　话	（025）83598919（总编办）　83379735（营销部）　83598319（编辑部）
网　　　址	http://press.njnu.edu.cn
电 子 信 箱	nspzbb@njnu.edu.cn
照　　　排	南京凯建文化发展有限公司
印　　　刷	盐城志坤印刷有限公司
开　　　本	185 毫米 ×260 毫米　1/16
印　　　张	8.5
字　　　数	222 千
版　　　次	2024 年 9 月第 1 版
印　　　次	2025 年 7 月第 2 次印刷
书　　　号	ISBN 978-7-5651-6432-3
定　　　价	59.00 元
出 版 人	张　鹏

南京师大版图书若有印装问题请与销售商调换

版权所有　侵犯必究

序

我的工作是在高校承担课程论等相关课程的教学，在高校教学和中小学教师培训中，我发现学生和一线教师更期望了解新的理论和要求是如何在教学实践中应用的。我当然可以寻找更多优秀、成熟的案例呈现给大家，但是，我们看到的只是这些课例呈现的结果，案例的作者一步步从构思、准备到实施的过程我们并不清楚，这也影响了我们学习借鉴的效果。据此，我们加强了和中小学的合作，通过有目的指向的课程开发解决新课标强调和需要关注的改革与探究问题。例如，如何设计有效的问题情境、如何在教学中体现大观念、如何进行学科融合、如何设计纵深递进的单元任务等。

以园林课程为例，这个系列单元的开发是从2017年开始的，当时开发的目的是研究如何进行单元化课程设计，以及小、初、高的课程衔接问题，项目组从一开始就确立了通过单元任务贯通课程，体现深度学习的特点。该课程由沈兰老师组织了一批苏州的老师进行开发实施。其中，小学阶段的教学为"家在桃花源"，学生通过了解家乡的园林故事完成道具设计与故事表演。初中阶段的教学即本案例集中呈现的"园林营造"，学生需要通过拙政园"东园改造"的虚拟任务完成园林模型的设计与制作。高中阶段的教学考虑到地域的普适性，不再具体到实体园林，而是选择文学作品中的园林作为研究对象，开发了"红楼梦·大观园"单元课，教学内容结合《红楼梦》小说中的情节描写完成大观园局部景观的设计与模型制作。在后续的完善和调整中，"园林营造"单元依据《义务教育艺术课程标准（2022年版）》增加了考察环节，为完成单元任务提供了重要的探究性环节。

在这几年的探索中，核心素养如何落地是大家普遍关注的问题，以大单元作为教学实施的方式成为主流，但是，也出现了为了撑满单元课时而增加教学内容，导致单元课缺乏主线、庞杂无序等问题。以我的理解，单元课应当通过更多的课时实现深度探究的目标，应把核心放在对"用知识解决问题"的理解上，呈现在教学设计中，这句话可以具体为"运用知识完成任务"——核心不在知识，而在运用的过程，即在运用知识的过程中形成能力，实现素养养成的目标。因此，单元课的任务驱动设计应成为单元化教学设计的核心工作，通过有序地把单元任务拆解成单课任务，分布到不同的课时中，从而实现单元任务的纵深递进。

"运用知识完成任务"比"用知识解决问题"更具体，因而更便于教师的实施与评价。运用哪些知识？如何运用知识？这需要依据任务的类型和特点进行教学的设计与组织。例如，本案例集中的"消逝的奇迹"单元，单元任务是通过美术方式完成地球上曾经灭绝的物种的场景再现。从价值维度来说，要激发学生对自然和生命的关怀；从知识维度来说，要融入美术、自然与生物的内容；从学习过程维度来说，要探究物种灭绝的原因及其生存环境。最终通过造型手段和美术语言完成表现。因此，在核心素养单元化教学设计中，贯穿单元的主线越清晰，选择和运用知识的内容就越具体，学生学习的目标就越明确。

本案例集中的单元课基本上是较为成熟的优秀案例，如"缥缃流彩"单元课是基于徐军老师在第五届全国中小学美术公开课比赛中获得第一名的"书籍装帧"一课拓展而成；"荷风雅韵"为虞红日老师的上海市人文创新实验室建设项目课程，探究如何融合传统文化与影像技术；"消逝的奇迹"单元课是较早与何建宏名师工作室一起开发的学科融合课程；而"我们毕业啦"是为2024年发行的义务教育美术教材而开发的微电影单元课。这些单元课的设计与实施，从不同的维度体现出核心素养导向的课程要求。

设计与开发单元课没有想象中那么容易。本案例集中选用的课例其实在三年前与南京师范大学出版社何黎娟老师拟订出版计划的时候基本都已经完成了教学实施，前期设计这些课例是想解决核心素养导向的课程编制与实施的问题。然而，在这三年间，随着《义务教育艺术课程标准（2022年版）》的颁布，以及本人承担的义务教育《艺术·美术》教科书编写工作的开展，很多问题需要重新思考。因此，这些课例也在不断更新，并且部分课例已经转化为教科书的单元课内容，有些课例我也曾多次在教学和培训中作为案例进行展示。总之，这些课例展现了我们阶段性的探索，还有许多优化的空间。对这些课例有兴趣并有条件开设的老师，如果能基于它们进行改编设计，生发出新的创造，是我们期待看到的。

课程的持续创新是教育研究与实践的应有之义，脚步无法停歇，在这么多年的教学研究与实践中，我结识了许多优秀的中小学老师、行业专家和出版行业的朋友，带着一届一届的学生向他们学习，受益良多。随波在时光的狂流中，深感教育更新态势的迅猛，时常有力不能及的慨叹，感谢参与本案例集编写的同仁和正在阅读本书的读者，能和大家一起努力探究本身就是一件愉快的事情。

秦 华

2024年1月17日

本案例集为教育部人文社科基金项目"中小学中华传统美术课程资源建设与开发研究"（20YJA760063）项目成果。

目　录

消逝的奇迹　　001

第一课　它们去哪了？　　004

第二课　它们回来了　　012

第三课　"鱼"你在一起　　021

第四课　走进大森林　　030

第五课　奇迹的家园　　035

园林营造　　045

第一课　我是小导游　　048

第二课　园林探幽　　054

第三课　山石庭院　　057

第四课　东园改造　　063

缥缃流彩　　069

第一课　中国书装　　072

第二课　最美的书　　079

荷风雅韵　　087

第一课　画意摄影的魅力　　090

第二课　中国荷花画的独特韵味　　097

第三课　"荷"主题画意摄影创作　　101

第四课　"荷"主题画意摄影作品展　　105

我们毕业啦　　111

第一课　我是小导演　　114

第二课　让镜头说话　　119

第三课　我们的微电影　　124

消逝的奇迹

设计及执教: 蔡烨、边晓宁、张晨、汤小玉、宣丽人   **指导:** 秦华、何建宏

  1681年,在罗德里格斯岛的森林里,一切都静谧得可怕。一位饥饿的士兵正瞄准着他的晚餐,火光一闪,随着地球上这最后一只渡渡鸟的倒下,曾经遍布全岛的"渡渡家族"成为历史绝唱。

  类似渡渡鸟这样已经灭绝的物种大多生活在离我们遥远的时空中,我们只能通过书本或电视新闻等渠道去认识它们。如今我们生活的时代,是否也有正在离我们远去的物种呢?

  近年来,生命、生态环境等问题越来越引起人们的重视和思考。保护环境、维护生态和谐更应该成为儿童教育的重要内容。

  "消逝的奇迹"单元课从美术学科的角度表现逝去的动植物们,引导儿童在学习的过程中产生对自然的爱护和对生命的关怀之情,理解生命的意义。

渡渡鸟手绘图

1 单元概述

单元设计说明

本单元面对小学四至六年级的学生，通过手工艺术的设计实践，指导学生体验物种复原，让学生走近自然，探索生命。本单元的学习通过五节课完成，从探索发现自然界的物种、手工艺术的实践到展览展示，加深学生对自然生命的热爱之情，并在这一过程中感受手工艺术的魅力，发现动手的乐趣，借助手工材料的设计制作再现自然界的生命奇迹。

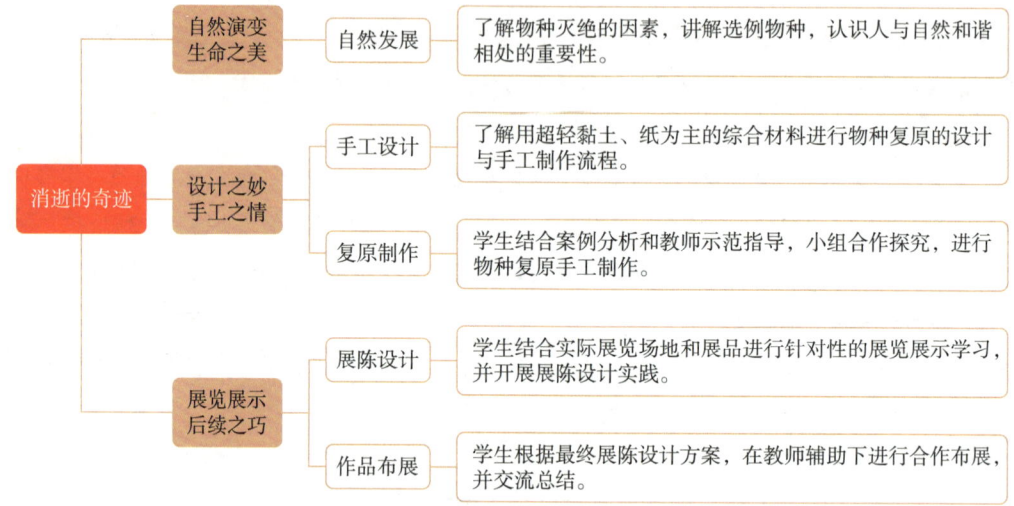

单元内容与核心素养

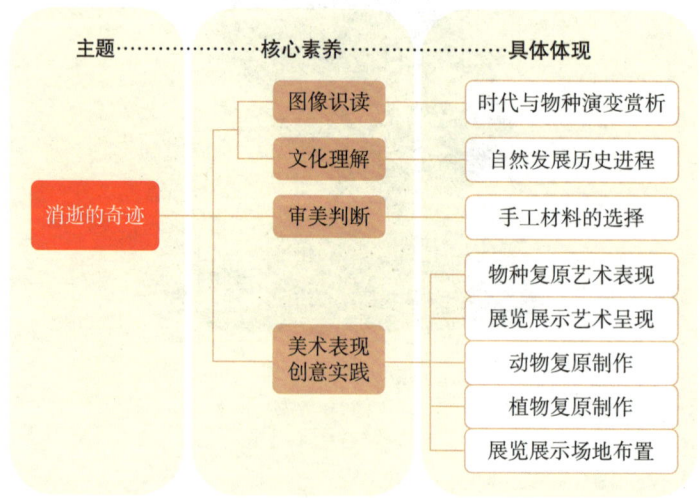

单元研究思路与过程

调查研究
通过单元创新设计，使学生在学习体验手工制作的过程中，将保护自然的主题用手工艺术的形式进行普及和发扬。在培养学生美术素养的同时，提高他们对人与自然和谐相处之道的深刻理解。本单元凸显了对图像识读、文化理解、美术表现、审美判断、创意实践美术学科核心素养的培养。

确定目标
通过手工艺术的形式，带领学生了解物种的演变，在用手工复原物种的过程中，加深对自然的热爱之情，以及对人与自然和谐相处之道的理解。

形成主题
以手工复原的方式，再现消逝的物种，感受生命的力量和自然的变迁，在系列单元课中产生对于物种生命和自然的热爱之情。

2 单元设计

单元大观念	人与自然的关系体现为和谐共生关系。
问题情境	同学们都看过关于恐龙的图画书或故事书，大家一起来分享你们知道的恐龙故事吧！除了恐龙这个已灭绝的动物朋友，你还知道哪些已经灭绝的物种呢？它们与我们现在的生活又有什么联系呢？
基本问题	1. 自然界中的物种是如何进化与灭绝的？ 2. 物种的进化、灭绝与我们的生活有何种关系？ 3. 如何通过立体造型的方式呈现我们对人与自然的思考？
任务驱动	用手工制作再现"消逝的奇迹"场景。
单元教学目标	1. 学生在问题情境的引导下，进行自主探究式学习，了解动植物灭绝的自然与人为原因，掌握用纸或超轻黏土等综合材料进行手工制作的方法，能够正确认识和理解人与自然的相处之道。 2. 学生能通过对动植物案例的分析，体会"动植物如何走向灭绝"这一问题的分析思路与基本过程，并能够借助纸或超轻黏土等综合材料进行动植物的手工复原。 3. 学生能够形成正确的价值观，树立保护生态环境的观念，并养成深入观察和思考的良好习惯。

3 单课内容设计

课时安排	第一课	第二课	第三课	第四课	第五课
单课名称	它们去哪了？	它们回来了	"鱼"你在一起	走进大森林	奇迹的家园
任务驱动	从动植物大灭绝的自然原因和人类原因探究人与自然生态的关系	运用以超轻黏土为主的综合材料，创作创意恐龙群	运用以纸为主的综合材料，创作创意鱼群	运用以纸为主的综合材料，创作创意大森林	运用展览展示知识，设计规划展览园地并进行布展
教学内容	1. 分析物种大灭绝的历史过程与生态原因 2. 列举已灭绝的动植物 3. 讲解人类与自然生态的关系	1. 了解超轻黏土材料并欣赏相关作品 2. 超轻黏土表现技法的示范性教学 3. 在教师指导下学生分组进行制作	1. 了解纸媒材料并欣赏动物纸艺作品 2. 以纸为主的综合材料表现鱼类的具体技法的示范性教学 3. 在教师指导下学生分组进行制作	1. 了解纸媒材料并欣赏植物纸艺作品 2. 以纸为主的综合材料表现森林的具体技法的示范性教学 3. 在教师指导下学生分组进行制作	1. 学习展览展示相关知识点 2. 进行场地展览展示设计与实践 3. 在教师指导下学生分组进行制作
材料准备	纸、笔、PPT课件等	纸、笔、颜料、PPT课件、超轻黏土等综合材料	纸、笔、颜料、PPT课件、剪刀、胶带、报纸等综合材料	纸、笔、颜料、PPT课件、彩纸、剪刀、胶带、KT板等综合材料	纸、笔、PPT课件、学生作品、布展综合材料等
学习形式	课堂学习	课堂学习	课堂学习	课堂学习	课堂学习
评价方式	学生自评互评、教师评价、数字档案袋评价	学生自评互评、教师评价、数字档案袋评价	学生自评互评、教师评价、数字档案袋评价	学生自评互评、教师评价、数字档案袋评价	学生自评互评、教师评价、数字档案袋评价、展示交流评价

第一课 它们去哪了？

教学设计解读

"它们去哪了？"作为"消逝的奇迹"核心素养单元中的第一课，教师需要在课前为学生简单介绍整个单元的主要内容和课时安排，使学生带着明确的学习目标来参与教学活动。教学中通过设置讨论交流、游戏练习、课后拓展等模块，帮助学生理解掌握物种大灭绝过程、物种灭绝缘由、人与自然的关系等核心观念，关注学生"图像识读""审美判断""文化理解"等核心素养的提升，使学生在单元学习中逐渐产生积极的动机、兴趣，提升批判性思考能力、倾听表达能力和合作精神，提高自信心。

教学目标

教学目标主要侧重两个方面：一是培养学生对自然生态的情感，二是生物、地理等学科知识与美术的跨学科学习。本课在教学过程中需要注重对学生观察力、概括力和表达能力的培养。

知识与技能：了解地球生物的演变，了解物种大灭绝的概念、原因和过程。

过程与方法：通过赏析、练习、合作，提高批判性思维能力与交流表达能力。

情感态度与价值观：理解人与自然的关系，形成对大自然的热爱、对动植物的关爱之情。

教学重难点

教学重点：学生能够对物种灭绝的过程、原因及现状产生深度认知。

教学难点：学生在学习中逐渐意识到人与自然的关系，形成对自然生态的关爱之情。

学习任务

向同学们描述你喜欢的一个动植物朋友，包括它的形态特征、生活习性，并讲述它的故事。

思维导图

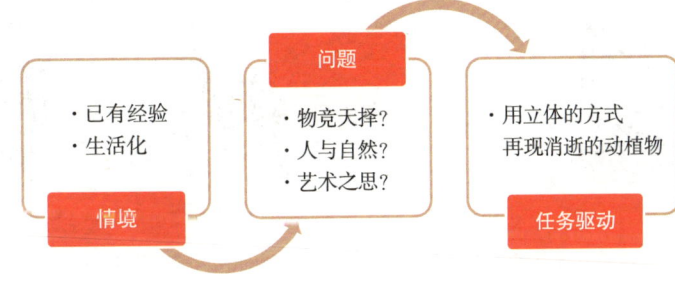

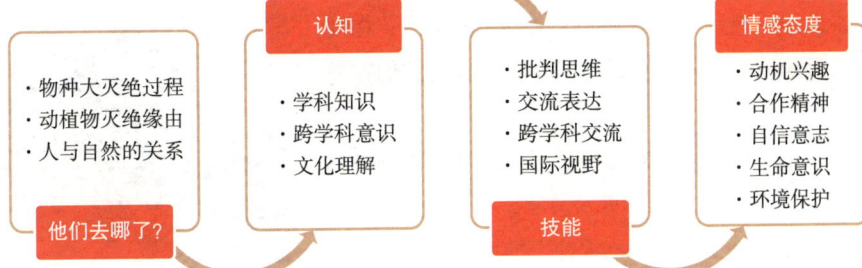

课前知识窗：物种灭绝年代、活动范围举例

名称	存续状态	活动范围	说明
三叶虫	灭绝于二叠纪末	美洲、亚洲、欧洲等多个大洲	寒武纪最具代表性的海洋古生物
恐龙	灭绝于约6500万年前	美洲、亚洲、欧洲等多个大洲	侏罗纪时代最具代表性的古生物
猛犸象	灭绝于公元前1670年左右	亚欧大陆北部及北美洲北部地区	
隆鸟	灭绝于17世纪中期	非洲马达加斯加岛	
渡渡鸟	灭绝于17世纪末	非洲毛里求斯岛及周边岛屿	
白鱀豚	极危	中国长江中下游及其连通的钱塘江、洞庭湖、鄱阳湖等水域	中国特有珍贵物种 贴近我们的生活年代
卡尔瓦利亚树	未灭绝	非洲毛里求斯岛	与渡渡鸟有共生关系 被人类成功挽救

三叶虫（二叠纪）   猛犸象（更新世）   渡渡鸟（17世纪末）   白鱀豚（现代）

恐龙（侏罗纪）   隆鸟（17世纪中期）   卡尔瓦利亚树（现代）

本课中涉及的相关物种时间轴

教学过程

一、新课导入

教师在本课开始时用《冰川时代》动画片段导入，在观看视频前提出具体问题：视频里都有些什么动物？它们在做什么？

视频播放结束后，教师以问题"视频中出现的动物，你们现在还能见得到吗？"带领学生进入情境，并引导学生产生"人类能否阻止或者延缓这些动植物灭绝"的疑问。

《冰川时代》动画片中已灭绝的动物

教师顺势引导：大家想通过自己的努力，让这些"消逝的奇迹"再次"出现"在我们的面前吗？我们本单元的学习任务就是用手工制作的方式再现这些"消逝的奇迹"。

本单元的学习，我们将从"我们是大侦探——探索动物消失之谜"角色扮演游戏开始。

二、新课讲授

（一）五次物种大灭绝

> **知识窗：五次物种大灭绝**
>
> **第一次物种大灭绝：奥陶纪大灭绝（4.4 亿年前）**
> 全球温度下降，海平面降低，原本丰富的海洋生态系统被破坏，导致 85% 的物种灭绝。
>
> **第二次物种大灭绝：泥盆纪大灭绝（3.65 亿年前）**
> 泥盆纪有"鱼类的时代"之称，气候急剧变冷、海洋退却，致使海洋生物遭遇灭顶之灾。
>
> **第三次物种大灭绝：二叠纪大灭绝（2.5 亿年前）**
> 气候突变、沙漠范围扩大、火山喷发频率增加等一系列原因造成地球上约 96% 的物种灭绝，其中 90% 的海洋生物和 70% 的陆地脊椎动物灭绝。三叶虫、海蝎以及重要珊瑚类群、陆栖的单弓类群动物和许多爬行类群全部消失。
>
> **第四次物种大灭绝：三叠纪大灭绝（1.95 亿年前）**
> 海平面下降之后又上升，海水大面积缺氧，大约有 76% 的物种灭绝，裸子植物与爬行类动物遭到重创，许多海洋生物灭绝。
>
> **第五次物种大灭绝：白垩纪大灭绝（6500 万年前）**
> 在白垩纪末期发生的一次或多次陨石雨造成了全球生态系统的崩溃，加之海洋面积减少和火山喷发，约 75%～80% 的物种灭绝，海洋中的菊石类生物消失，1.6 亿年之久的恐龙时代至此终结，为陆地哺乳动物的登场提供了契机。

1. 通过一系列问题链将五次物种大灭绝的教学内容串联起来

教师提问：① 生命是从哪里来的？② 各个时期有哪些代表性物种？③ 什么原因导致了它们的灭绝？④ 是否会有第六次物种大灭绝？

？设置"小组讨论"环节，请学生介绍自己喜爱和了解的恐龙

"白垩纪大灭绝"中恐龙灭绝的猜想之一"小行星撞击地球"

"寒武纪生物大爆发"时期出现的海生无脊椎动物，如三叶虫、低等腕足类动物、单板类动物、腹足类动物等，此外，还有单细胞和藻类生物等生命结构比较简单的物种

教师引导：请向同伴介绍你最了解的恐龙，可以是它的样貌特征、生活习性，也可以是与它有关的故事。

3. 拓展恐龙知识

PPT课件呈现老师自己喜欢的恐龙，和学生形成讨论互动，用以考查学生对恐龙物种的掌握程度，并拓展恐龙的特征、习性等知识。

霸王龙　　　　　　　　　　　　　剑龙

慈母龙　　　　　　　　　　　　　梁龙

（二）探秘物种灭绝三大缘由

1. 消逝解谜之———人类捕杀

设置思考与讨论：是否会有第六次物种大灭绝？我们是否正在经历第六次物种大灭绝？

学生讨论发言之后，教师用渡渡鸟的例子引出第一个动物消逝解谜，并拓展与渡渡鸟在生物学上有共生关系的卡尔瓦利亚树的相关知识。

渡渡鸟仿真模型

渡渡鸟的头部标本，现藏于牛津大学自然史博物馆，是世界上仅存的渡渡鸟软组织残余

知识窗：共生关系

共生关系，是指两种不同生物之间所形成的紧密互利关系。在共生关系中，一方为另一方提供有利于生存的帮助，同时也获得对方的帮助，倘若彼此分开，则双方或其中一方便无法生存。

卡尔瓦利亚树的果实为渡渡鸟提供了食物，渡渡鸟吃下果实，将果实内部种子的硬壳消化掉一层后排出体外，这样的种子就容易萌发。渡渡鸟灭绝之后，卡尔瓦利亚树也一度濒临灭绝，好在人类发现可以用火鸡替代渡渡鸟，从而挽救了卡尔瓦利亚树。

渡渡鸟和卡尔瓦利亚树纸艺作品

2. 消逝解谜之二——人类破坏动物的家园

教师展示图片：人类破坏动物的栖息地、囚禁动物、肆意猎杀动物、破坏植被等，引发学生的思考和共鸣，为接下来的学习做铺垫。

教学提示：需根据不同学段学生的接受程度来选择图片，避免血腥暴力的图片。

被囚禁的动物

教师用隆鸟的例子引出第二个动物消逝解谜。在此过程中引导学生意识到人类不能为了自身发展而自私地去牺牲动植物生存的权利。

知识窗：隆鸟的消逝之谜

隆鸟也叫象鸟，曾被认为是世界上存在过的最大的鸟类，生活在马达加斯加，它身高约4米，重达450千克，不会飞，以水果、树叶为食。随着马达加斯加人口的大量增加，隆鸟赖以生存的森林被大片开垦成农田，失去家园和食物的隆鸟颠沛流离，一批批死在逃亡途中。在饥饿驱使下的隆鸟不得不去农田里觅食，于是被农民称为害鸟，人们大开杀戒，用隆鸟的腿骨、羽毛装饰自己，将蛋壳做成生活用品。栖息地的破坏和肆意的猎杀，导致了隆鸟的灭绝，人类终于不用担心会有大鸟破坏他们的农作物了。

隆鸟复原图

3. 消逝解谜之三——人类污染环境

用环境污染的系列图片引出第三个动物消逝解谜。教师在讲授过程中适时提出问题，引导学生对图片进行说明和探究。

经济迅速发展下的环境污染

北极熊的困境

播放纪录片《家园》片段，呈现其中的数据统计，为学生拓展人与自然生态环境的发展现状，开阔学生的视野，引导他们关注全球生态，关注全人类、全物种的命运。

纪录片《家园》中对人、自然、物种灭绝的数据统计

4. 设置思考与讨论问题：你认为第六次物种大灭绝有没有发生？

在情感和意识得到了充分的滋养后，学生会在小组讨论中畅所欲言。教师总结并提出自己对"是否有第六次物种大灭绝"的看法，并请学生思考与讨论：你以后会怎么做？

教师总结：世界上最宝贵的是生命，我们每个人都要珍爱自己的生命。和我们共同生活在地球上的动植物朋友的生命也一样珍贵，它们的生命同样只有一次，失去了便再不能回来。所以我们要像珍爱自己的生命一样去呵护每一个动植物朋友的生命，乃至自然的生命、地球妈妈的生命。

（三）寓戏于习，综合运用

试一试：我们有些动物朋友穿越错了时空，它们找不到家了，需要各位侦探根据时间轴上的线索帮它们回到正确的时期。

"帮动物朋友回归家园"游戏

（四）课后拓展，持续学习

教师总结：本课接近尾声，同学们的侦探之旅也即将结束，要成为一名合格的侦探，在任务结束之后，还需持续和深入学习更多关于物种、环境、自然生态的知识，不断提高自己的素养和能力。

教师引导：虽然在现实生活中，我们不能与这些消逝的动物相遇，但是美术课堂却拥有神奇的力量，可以帮助这些消逝的动物重新回到我们的身边。老师希望同学们课后收集关于表现动物、植物的手工作品图片，了解它们的制作材料和制作方法。

布置课后作业：① 收集表现动物、植物的手工作品图片，了解它们的制作材料和制作方法。② 推荐阅读《人类简史》《逝者如渡渡》等相关图书。

教学反思

1. 关注"生本"课堂营造

在新授过程中，主要以讲述和讨论的方式进行，教师通过设置系列问题链的方式，将前后内容紧密衔接，增强与学生的互动，同时也确保了学生在课堂中的主动思考和探究，课堂始终维持着活跃的气氛。

2. 贴近生活，加强文化理解

正如杜威所述：教育即生活，教育即生长，教育即经验的改造。他坚信，只有当经验产生了生长，也就是说，只有当学生留存这个经验后，更有能力、更有兴趣地参与新经验之时，经验才是具有教育意义的。本课通过呈现与生活相联系的案例，拉近教学内容与学生的距离，营造侦探探秘的情境氛围，师生共同揭示物种消逝之谜，加深学生对生态文明的理解。

3. 合理设置教学的难易度

在本课中，教师可以再增设其他具有挑战性的环节，在情感和智力上体现一定难度，可涉及跨学科及情境、知识迁移等，以此加强学生的合作与探究性学习。

教学资源拓展

图书资源

申赋渔. 逝者如渡渡［M］. 长沙：湖南人民出版社，2014.

本书讲述了数百年间世界各地已灭绝或正在走向灭绝的30多种动物的故事，如渡渡鸟、旅鸽、袋狼、指猴、中国犀牛等，对这些物种的体貌特征、生活习性、灭绝原因等进行讲解。书中的每篇文章都配有动物的精美插图，便于读者阅读和理解。这不仅仅是一本关于灭绝动物的科普性读物，更是一本探索生命本义、触发人类思考的"哲理之书"。如今，"逝者如渡渡"已成了西方一个流传甚广的谚语，人们用它来比喻失去了的一切将不再回来。

［以色列］尤瓦尔·赫拉利. 人类简史：从动物到上帝［M］. 林俊宏，译. 北京：中信出版社，2017.

本书从生物学、人类学、社会学、历史学等多领域不同角度出发，探讨了人类在进化过程中所扮演的角色，从"认知革命"到"农业革命"，再到"科学革命"，作者赋予我们一种新的视角，即脱离人类中心主义的圈子，去审视我们自己、审视我们的地球。

网站资源

国际野生生物保护学会、中国林业网、中国植物主题数据库。

视频资源

纪录片《家园》、公益宣传片《动物权利》。

第二课　它们回来了

教学设计解读

"它们回来了"是"消逝的奇迹"核心素养单元中的第二课，属于"造型·表现"领域，主要教学任务是在第一课的基础上引领学生对恐龙进行深入观察、感知和探究，并用艺术的方式将恐龙进行"创造性"还原。本课基于讨论交流、游戏互动、感知评析、引导示范等方式，引领学生认识恐龙的生活年代、生活环境、生物属类、生活习性和体貌特征，并在艺术实践中促进学生深度的观察反思、创新表现、合作交流。

教学目标

教学目标主要侧重于两个方面：一是学生对动物的生活背景、习性和主要的外形特征有基本的认知并能进行主观表述，二是能够通过泥塑的方式生动、创造性地再现动物朋友。在教学过程中加强对学生观察力、辨别力、造型表现力、想象力的培养。

知识与技能：认识恐龙的生活环境、生活习性；感知、分析恐龙的体貌特征；用泥塑的方式还原恐龙。

过程与方法：通过观察、分析、探究的方式用超轻黏土表现恐龙。

情感态度与价值观：培养探索自然世界的兴趣与热忱；表达对地球生命的珍惜和热爱之情；树立环保的行为意识。

教学重难点

教学重点：运用泥塑的方式表现恐龙。

教学难点：生动、准确、创造性地塑造出恐龙的动态和造型结构。

学习任务

观察不同恐龙的形象造型、色彩和结构，了解恐龙的特征，以及用超轻黏土塑造恐龙的基本制作过程。学生以四人为一小组，使用超轻黏土制作恐龙。

思维导图

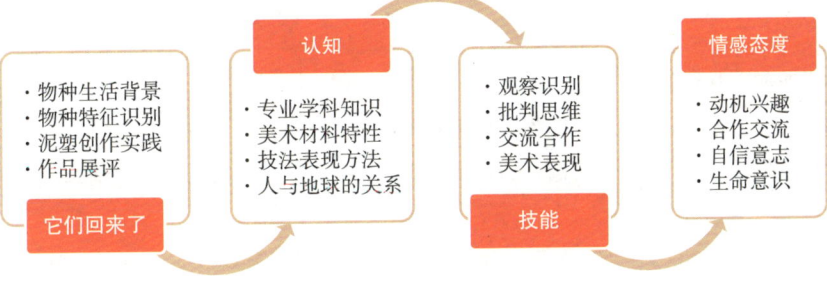

课前知识窗：恐龙主要活动范围

恐龙在地球上的分布：北美洲恐龙分布密集，多为体形巨大的种类，如剑龙、暴龙、梁龙等；亚洲恐龙多分布于中国和蒙古，如马门溪龙、青岛龙等；非洲恐龙分布零散，有棘龙、腕龙等；欧洲主要是素食恐龙，有禽龙、巨齿龙、结节龙等；南美洲环境较恶劣，有南方巨兽龙、马普龙等；大洋洲和南极洲恐龙较少，有棘龙等。

教学过程

一、新课导入

利用拼图游戏导入新课，揭晓本节课的"主人公"——恐龙。

师生交流后，教师带领学生进入新课探秘——"它们回来了"。

新课导入环节："恐龙拼图"

二、新课讲授

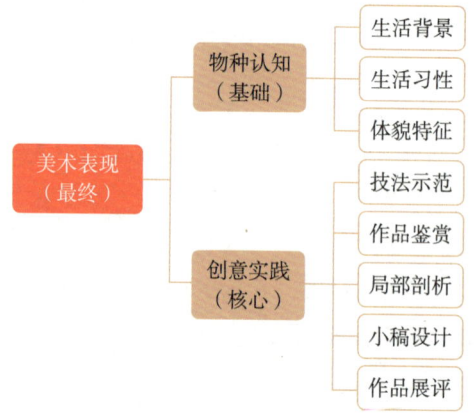

本课主要教学内容及结构

（一）探秘恐龙

1. 探寻恐龙的生活环境

① 教师提问：你们知道恐龙生活在什么时期吗？

学生回答后教师总结，在PPT课件上同时呈现文字和图片，介绍恐龙的生活年代。

> **知识窗：恐龙的生活年代**
>
> 恐龙最早出现在2.4亿年前的三叠纪中晚期，在之后的1.6亿年里，恐龙跨越了侏罗纪和白垩纪，成了这个时代的主角，它们占据着陆地，成为陆地上的霸主。三叠纪时期的大陆还是一个整体，位置在今天的非洲，爬行动物和裸子植物从这个时候开始崛起。侏罗纪是中生代的第二个纪，此时，恐龙成为陆地的统治者，鸟类出现，哺乳动物开始发展，裸子植物发展到极盛期。白垩纪是中生代的最后一个纪，长达7000万年，发生在白垩纪末的物种大灭绝，是中生代与新生代的分界。

② PPT课件呈现恐龙化石照片，教师提问：古生物学家发现了什么？师生共同分析恐龙化石的特征。

恐龙化石

③ 教师营造氛围，提出"怀疑说"——"恐龙是否真实存在过"，进行适当延伸。

学生讨论之后，教师总结：介绍考古学家的相关工作，并说明通过考古发现的大量的恐龙化石证实恐龙的确存在过。

④ 设置思考与讨论：恐龙生活在什么样的环境？你喜欢哪些恐龙？它们都有什么主要特征？

学生进行小组讨论并发言，教师总结。以此铺垫后续教学内容——恐龙的分类及体貌特征分析。

> **知识窗：恐龙的生活环境**
>
> 从寒冷的北极到酷热的热带地区，各式各样的气候环境中都曾有恐龙生存。科学家依据恐龙化石周围植物和花粉的痕迹，来分析恐龙的栖息环境，例如根据叶片的大小和形状来判断当时的气候是干燥还是湿润。水边、森林、沙漠是恐龙栖息的三个常见地区。

2. 试着给恐龙分类

① PPT 课件呈现一些学生熟悉的恐龙图片，让学生对恐龙的种类进行简单的辨认。

霸王龙　　　　　　　　三角龙

腕龙　　　　　　　　异特龙

② 设置思考与讨论：这么多恐龙，可以怎么分类？

学生思考讨论并发言，教师利用 PPT 课件中的图片，引导学生对不同种类恐龙的相同性和差异性特征进行对比观察、分析、归纳。让学生通过主动思考探究获得结论，熟悉恐龙的外形特点，为后续阶段的美术创作表现打下扎实的认知基础。

食肉恐龙主要特征

食草恐龙主要特征

③ 教师引导学生以比较观察的方式分析几只恐龙外形特征的差异，拓展学生思维，鼓励学生积极发挥想象力，自然过渡至后续的美术创作表现环节。

想一想

副栉龙和盔龙的头冠像什么？
霸王龙和镰刀龙各自最厉害的武器是什么？
三角龙和戟龙的头有什么不同？
剑龙和豪勇龙的背有什么不同？
马门溪龙和巨腹甲龙最重要的特征是什么？

副栉龙　　　　　　　　　盔龙

戟龙　　　　　　　　　豪勇龙

马门溪龙　　　　　　　　甲龙

（二）美术表现，创意实践

超轻黏土恐龙美术创作部分的授课流程分成七个环节：情境创设、技法示范、作品欣赏、局部塑造剖析、小稿设计、塑造还原、作品展评（自评、互评）。

1. 情境创设

创设比赛游戏情境，设计两个不同的恐龙创作主题——"运动"主题和"亲子"主题，将全班学生分为两个大组，以两只恐龙教具作为每个大组的组长，通过游戏分组，激发学生参与的积极性。

2. 技法示范

播放制作超轻黏土三角龙的完整流程视频。教师提问：老师是用什么方法进行表现的？

师生共同总结超轻黏土恐龙塑造的步骤：捏外形、添加细节、加装饰、完成（作品名称）。

准备材料、工具：剪刀、胶水、美工刀、纸、笔、橡皮、各色超轻黏土等

步骤1：捏出三角龙的头部

步骤2：捏出三角龙的躯干

步骤3：为三角龙装上四肢

步骤4：最后添上角和眼睛，就完成啦

超轻黏土三角龙制作过程

3. 作品欣赏

PPT课件呈现学生作品，教师提问：① 小朋友的作品运用了哪种表现方法？哪只恐龙的造型既形象又生动？② 哪个画面的情节最有趣？

利用优秀学生作品给学生讲解超轻黏土恐龙的美术表现方法和技巧。

学生制作的超轻黏土恐龙作品

4. 局部塑造剖析

① 和学生一起聊聊恐龙身上的不同结构各有什么作用：长颈龙的长脖子，三角龙头上的角，剑龙背上的刺，翼龙的翅膀及翅膀上的爪子……

② 任选一只恐龙，一起说说如何来捏制其各部位。

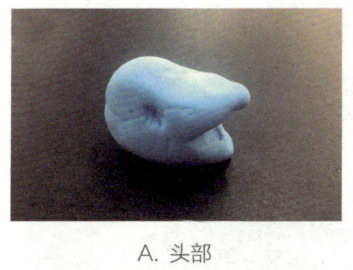
A. 头部

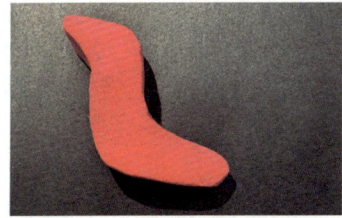
B. 身躯

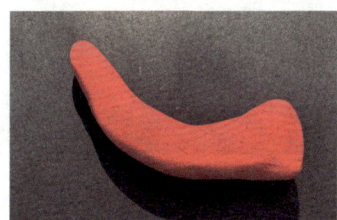
C. 尾部

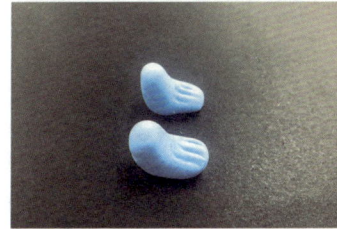

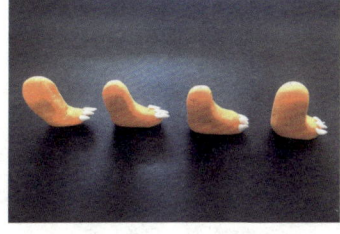

D. 腿和脚

5. 小稿设计

学生以小组为单位，围绕主题设计属于自己的最美、最可爱、最帅气的恐龙，完成设计小稿。

教师给予学生适当提示：通过夸张、变形、添加等方法对恐龙进行创意设计。

小稿设计结束后，教师组织学生展示设计稿并说明设计理念。

学生在设计小稿

6. 塑造还原

① 学生创作，教师说明创作要求。

艺术创作：运用超轻黏土材料和技法，制作出你设计的恐龙。

创作要求：抓住特征，突出外形特点，形象饱满，体现丰富的创意。

② 学生动手创作，教师全程参与辅导。（播放音乐）

7. 作品展评（自评、互评）

开展"争当恐龙小勇士"活动，请每组派代表到讲台前介绍本组制作的恐龙朋友，其他学生给予评价和建议。

教师适时提问：你们都喜欢哪组的作品？说说为什么。作品是否突出了恐龙的主要特征，整体效果如何？（学生交流发言）

学生作品

（三）本课尾声，拓展小结

请学生谈谈本节课的学习收获。

教师总结：让我们一起行动起来，像爱我们自己一样去爱身边的每一种动物，为它们创造一个良好的生存环境。

教学反思

1. 课后的持续性学习

这节课的主要目的是引导孩子更全面地认识恐龙，立足兴趣，激发他们对动植物的关心和热爱，但一节课的时间并不能引领学生探索全部的恐龙知识，因此课后持续深入的学习尤为重要。在教学优化中，我设想做一个恐龙分支图，将恐龙的种类及特征表示出来，利于学生课后循着分支去查找和了解相关知识。

2. 学生的美术表现

对于这个年龄段的学生，教师不应以写实表现作为评判他们美术作品的标准，而要依据孩子们所特有的"气质"——丰富的想象力和创意。应引导他们对恐龙做出形态上的变化和创新，鼓励他们结合认知，发挥创想，尽情表达。

教学资源拓展

图书资源

［法］娜塔莎·施埃德豪尔·弗拉金．我的第一次恐龙大发现儿童地图绘本［M］．［法］安东尼·科甘，等绘．王伶，译．北京：光明日报出版社，2014．

这是一本启蒙地图册，带领小朋友们认识恐龙的祖先到恐龙大灭绝的整个发展史，接触统治地球长达1.6亿多年的陌生动物和它们的生活环境。

网站资源

牛津大学自然史博物馆网站。

第三课　"鱼"你在一起

教学设计解读

"'鱼'你在一起"作为"消逝的奇迹"核心素养单元中的第三课，注重培养学生的手工实践技能、视觉思维及创造力。在本阶段教学中，学生要将对已灭绝或是濒临灭绝的鱼类的感性认识转化为具有文化内涵的理性认识。学生通过鱼类纸艺教学模型的赏析，在视觉思维中建构起纸艺与造型表现的联系。在此基础上，学生以自主合作探究的方式观察鱼类所特有的造型元素，在教师的示范教学中尝试临摹并加以创作，形成对手工纸艺造型表现与海洋生命的美的初步感受，并通过创作实践落实，从而促进学生综合素养的提升。

教学目标

知识与技能：通过资料搜集与观察，对鱼的种类、造型、色彩等相关知识有初步的了解，并通过案例赏析和交流讨论进一步了解用纸艺表现鱼类的方式方法。

过程与方法：在了解各种鱼的体态特征的基础上，用教师示范讲解的步骤表现不同种类的鱼。

情感态度与价值观：能提高自主学习探究的能力，激发其对海洋生命与大自然的热爱之情。

教学重难点

教学重点：在学习了解各类鱼的共性和个性特征的基础上，学习并运用以纸为主的综合材料及绘制工具制作出一条立体造型的鱼。

教学难点：如何表现不同鱼类的体貌特征，特别是对色彩表现的处理。

学习任务

在了解特定鱼类的体貌特征的基础上，用以纸为主的综合材料制作出一条或多条鱼。

思维导图

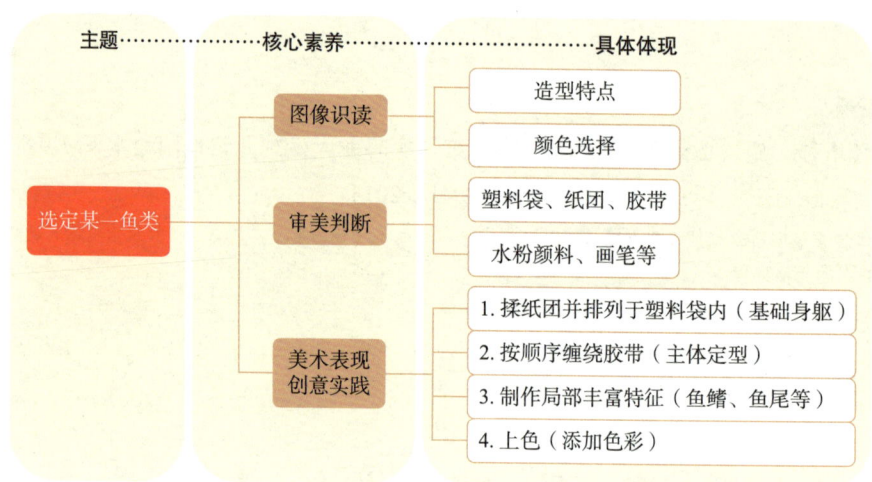

课前知识窗：了解白鱀豚

　　白鱀豚，亦作"白鳍豚""白旗"，哺乳纲，鲸目，白鳍豚科，仅产于长江中下游及附近的河流、湖泊内。白鱀豚背部呈浅青灰色，腹部洁白，恒定体温在 36° 左右，喜欢群居，性格温顺，有"水中大熊猫""长江女神"之称。

　　白鱀豚作为古老的生物之一，化石证据表明，530 万年前的上新世时期它们就已在长江出现。20 世纪后期以来，白鱀豚受到人类活动的影响而数量锐减，在 1989 年被列为中国一级重点保护野生动物，但剩余种群仍不断消亡。2018 年 11 月 14 日，《世界自然保护联盟濒危物种红色名录》(IUCN) 更新发布，暂未确认白鱀豚灭绝，保持原定评级"极危"。

　　在中国的古代文学中，白鱀豚常常被当作美丽善良的象征，例如，清朝蒲松龄的《聊斋志异》中有慕生与白秋练相爱的故事，其中白秋练就是由白鱀豚所幻化的心地善良的女子。

教学过程

一、新课导入

【导入方式一】

小游戏：闻声识物，循声而来。

播放一段白鱀豚的模拟语音：

小朋友们，你们好！我是一只白鱀豚，大家可以叫我小白，我们白鱀豚是一种中国特有的小型淡水鲸类。我有两个腹鳍和一个三角形的背鳍。背部是浅青灰色，腹部是白色，在阳光的照

【导入方式二】

绘本导入，教师有声绘本阅读。

耀下，尤其光亮；我们的嘴巴长长的，眼睛小小的，尾巴像月牙。我们比较害羞，不会像海豚那样跳出水面哦。

小游戏

根据我的自我介绍，猜一猜下面哪张是我的照片吧？

①

② ✓

③

仔细观察下图白鱀豚与江豚，说出二者的区别，并分析白鱀豚嘴、腹鳍、背鳍、尾部的特征。

白鱀豚照片

江豚照片

白鱀豚造型特点分析图

绘本截图

教师：江面之上，听，是谁在唱歌？是海水？是礁石？哦！原来是一只小小的白鱀豚。

好像还有一个小男孩，没错儿，是悠悠。很快，他们以歌会友，成为好朋友。可是，白鱀豚的其他小伙伴去哪了呢？你们猜猜看。

学生各抒己见，畅所欲言。

教师：从同学发言中，我看到了真诚与爱，因为在你们的想象中，白鱀豚的小伙伴们都过得不错呢，但是老师不得不告诉你们，2018年11月14日，《世界自然保护联盟濒危物种红色名录》更新发布，白鱀豚被定为"极危"。以后，我们可能很难再在长江中看到白鱀豚了。（图片展示白鱀豚）

绘本中的白鱀豚

现实中的白鱀豚

二、新课讲授

（一）了解白鳖豚

教师利用 PPT 课件简要介绍白鳖豚，引导学生归纳白鳖豚特点。

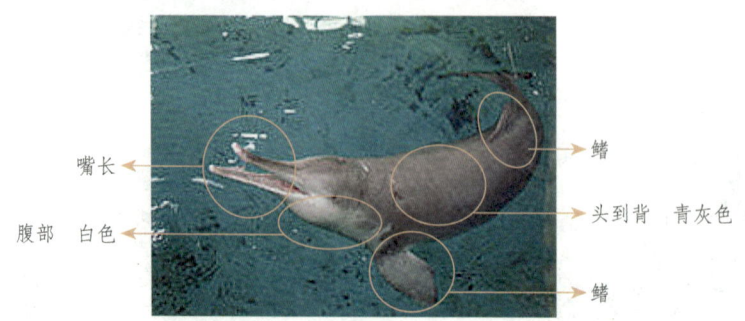

教师：这么漂亮的白鳖豚，现在的我们可能更难看到了，你觉得——

给学生留出空间，让他们各抒己见，教师引导到遗憾、可惜。

教师：所以我们更应该珍惜身边的事物，不能等到失去之后才追悔莫及。那白鳖豚的濒危原因是什么呢？

师生共同分析原因。

（1）内在因素：数量稀少，难以大量繁殖；繁殖率低，生长较慢。

（2）人为因素：

① 人类过度捕捞鱼虾，致使白鳖豚得不到充足的食物供给；

② 人类对长江的过度开发，使白鳖豚的栖息地遭到严重破坏；

③ 人类在长江附近建化工厂和医药工厂，使得长江水受到严重污染；

④ 长江是非常繁忙的运输水道，很多白鳖豚被船只的螺旋桨打死、打伤。

PPT 演示

教师：如果我们在现场，看到朝着白鳖豚开来的船，你会帮助它逃跑吗？老师想请同学把这只白鳖豚从画面船桨边"拽"出来！（请学生上台互动）

学生尝试，教师用 PPT 课件配合播放立体白鳖豚弹出的画面。

师：白鳖豚好像听到了你们的呼唤，跑出来了，快看！（出示白鳖豚纸艺作品）

（二）讲解基础造型方法

1. 认识关联

教师出示制作好的成品和制作原材料，引导学生讨论：大家看一看，①和②有什么关联？

教师：相信已经有聪明的同学发现了，①是由②做成的，换句话说，②是由①展开而成的。今天我们就要来制作这种立体的白鳖豚。

设计意图：任务预设，让学生有目的地自己获取学习要点。

第三课 "鱼"你在一起

教学方案1

①

②

教学方案2

①

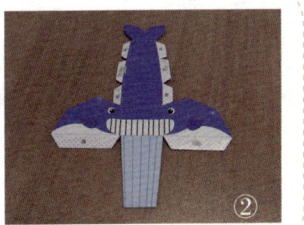
②

说明：此处提供的教学方案2是另一种立体纸艺造型方法，在教学时可灵活选用。

2. 依平画立

教师出示教具，分步骤介绍白鱀豚造型结构和制作方法。"本节课，老师就要带着同学们一起动手，复原白鱀豚！"

设计意图：从平面到立体的思维转变。

教师讲解教具

制作材料：报纸、塑料袋、胶带、剪刀、丙烯颜料、调色盘、勾线笔、水粉笔等

① 主体定形

整体观察白鱀豚的身体结构

圈出主体躯干造型

躯干造型方法：根据白鱀豚身体结构，用报纸揉成大小不一的纸团，排列在塑料袋内，再用透明胶带依次、依形从塑料袋的底处往口处缠绕固定

1. 揉纸团　2. 排列于塑料袋内　3. 放倒，整理　4. 胶带固定　5. 继续排列小纸团　6. 继续依形缠胶带

消逝的奇迹

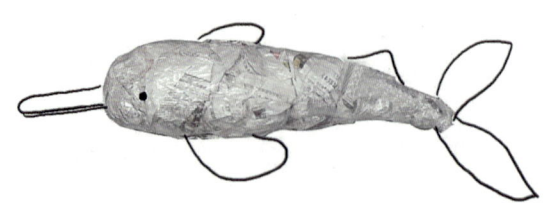

主体躯干成形

② 丰富造型

设置思考与讨论：除了主体躯干，我们的白鳘豚还缺少哪些身体结构？

引导学生回答：还缺长长的嘴、两个腹鳍、三角形的背鳍、月牙形的尾巴。

白鳘豚造型细节分析图　　　　　　　　教学示范

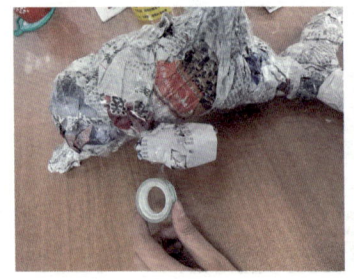 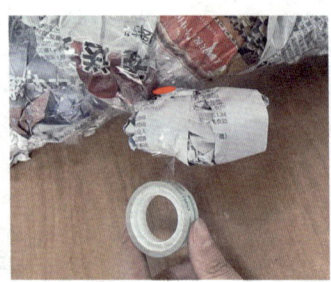 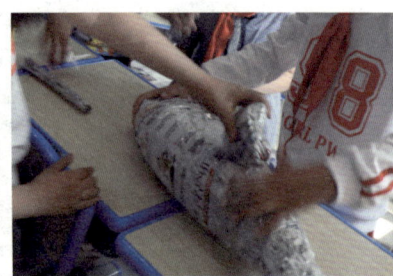

固定身体部件时，可以先用双面胶暂时定位在躯干上，再用胶带缠绕，分别固定两个腹鳍、长嘴、背鳍、尾巴

③ 颜色填补

教师：我们知道，白鳘豚的肚皮是什么颜色？头背是什么颜色？再看看你们的作品，你发现交界线了吗？把它画出来。（圈出黑白和黑白交界线）

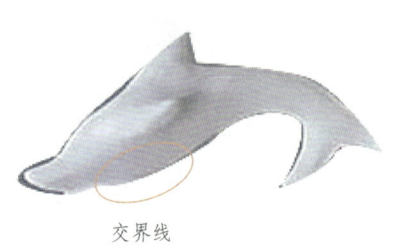 

教学方案1　　　　　　　　　　教学方案2

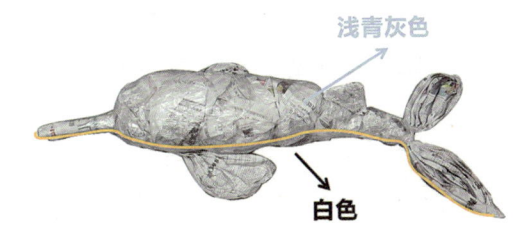

明确相对应的颜色区域：背部浅青灰色 + 腹部白色

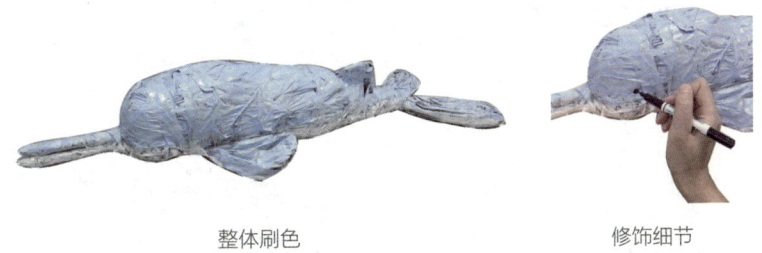

整体刷色　　　　　　　　　　修饰细节

教学方案 2 中的设计信息

教师：拿出你的图稿，你们有没有发现，上面有很多不同的线？讨论一下，猜猜这些线是什么含义，有了这些线，我们可以顺利制作出立体的白鱀豚吗？你能读懂这些信息吗？

设计意图：讲解手工制作知识，培养图像识读等核心素养，学以致用。

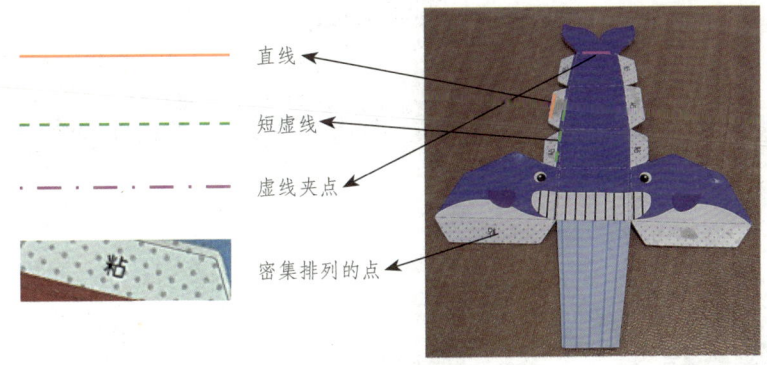

名称		速记口诀	
剪切线		（断的干脆）	
折线	山线	（山线成峰）	
	谷线	（谷中有水）	
粘贴处		（点点粘粘）	

（三）实践迁移运用，制作更多的鱼

动动手：用同样的方法，制作不同种类的鱼，可提供优秀学生作品拓宽学生的思路。

1. 确定表现对象

首先选好自己想要守护的鱼的种类，仔细观察鱼的整体造型特点。

2. 基础造型表现

用塑料袋和报纸团塑造出整体造型。

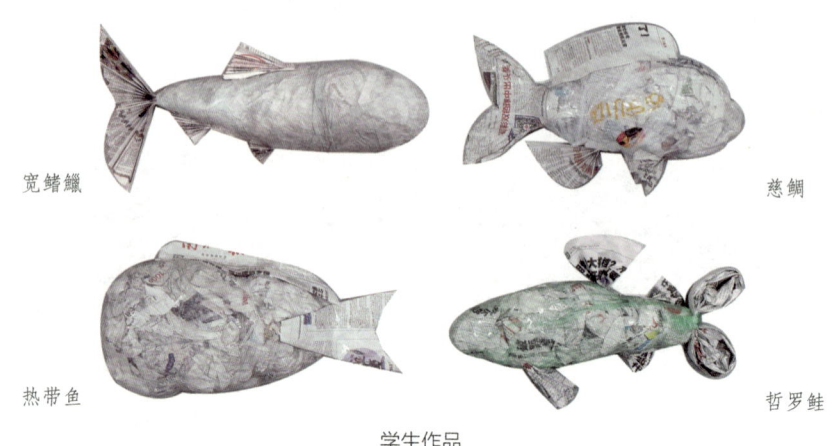

宽鳍鱲　　　　　　　　　　慈鲷

热带鱼　　　　　　　　　　哲罗鲑

学生作品

3. 色彩与细节完善

根据鱼的色彩特征上色并完善细节。

热带鱼　　　　　　布氏鲷鱼　　　　　　菠萝鱼

热带鱼　　　　　　长薄鳅　　　　　　　热带鱼

学生作品

（四）课后思考拓展，加深对受保护鱼类的认识

设置小组思考与讨论环节，可围绕以下问题展开：

① 还有哪些已经消逝或者快要消逝的鱼儿呢？

② 它们面临着怎样的生存环境？

③ 我们能为它们做些什么？

课后以小组为单位查找相关资料，深入了解鱼类保护的知识并归纳总结，完成课后学习单。

课后学习单

序号	1	2	3	4
名称及照片	白鲟			
生存现状	由于生态环境恶化，白鲟分布区逐渐缩小，数量逐年减少，个体越来越小。2019年12月23日，长江白鲟（白鲟属仅含1种）被正式宣布灭绝。			
我们能为它做些什么				

教学反思

教师在新授过程中应该确保学生在课堂中主动思考和探究，始终维持活跃的课堂气氛。

本课主要以案例赏析和手工实践的方式进行，所以案例选取时应考虑贴近学生生活的案例及其手工实践的呈现效果。

在本课中，还可以增加小组合作探究活动，以此加强学生合作与探究性学习的意识。

教学资源拓展

图书资源

［法］皮埃尔·鲁瓦耶，［法］让·巴蒂斯特·德·帕纳菲厄.海洋之美［M］.郝王乐，译.北京：机械工业出版社，2020.

本书选取了100个时间节点来呈现海洋形成的历史和人类探索海洋的过程，跨度40亿年，可以带学生了解海洋里生活着的大部分生物，更深层次地了解海洋。

［英］海伦·斯凯尔斯.鱼的好奇心：关于生命、海洋及一切［M］.王小可，谭然，译.海口：南海出版公司，2020.

本书可以带给学生以有趣、有料、惊掉下巴的鱼类冷知识以及神奇的鱼类传说，全面呈现鱼类的秘密生活。学生可以跟随生动的文字体验鱼类学家不同寻常的冒险经历，感受真实的海洋生命，了解新鲜的海洋生物学研究成果。

屠强，等.千奇百怪的海洋世界.生存篇［M］.北京：人民邮电出版社，2017.

本书从海洋动物引人瞩目和有意思的生物特征出发，揭示了其生存和繁衍的规律，展示了生物多样性的意义，也展示了海洋世界的无限神奇与独特魅力。

网站资源

国家海洋博物馆。

视频资源

BBC纪录片《生命》第八集《深海生物》。

第四课 走进大森林

教学设计解读

"走进大森林"作为"消逝的奇迹"核心素养单元中的第四课,承接前几课时的学习,以植物为切入点,将学生对植物的感性认识转化为具有文化内涵的理性认识。教学中,教师引导学生感知树木结构特征和美感,建构学生视觉思维中纸艺与造型表现的联系,并借助示范教学,以合作探究的方式尝试创意实践,促进学生综合素养的提升。注重学生实践能力、视觉思维及创造力的培养和开发。

教学目标

知识与技能:学生通过收集与观察,了解树的种类、结构等相关知识,并通过课堂赏析、讨论交流了解制作纸艺植物的方式方法。

过程与方法:学生收集、查看树木的图片及文字资料,在教师的示范教学中了解并掌握各种树木的外形特征,用画、剪、贴、编、绕等方法表现一棵或多棵立体的树。

情感态度与价值观:提高自主学习探究的能力,激发对陆地生命与大自然的热爱之情。

教学重难点

教学重点:了解各类树木的共性和个性特征,学习并运用绘制工具及画、剪、贴、编、绕等方法表现立体造型的树。

教学难点:如何表现树木的造型结构特征,立体造型的树如何兼顾造型美与稳固站立。

学习任务

了解树木的造型结构特征,实践制作一棵或多棵纸艺树。

思维导图

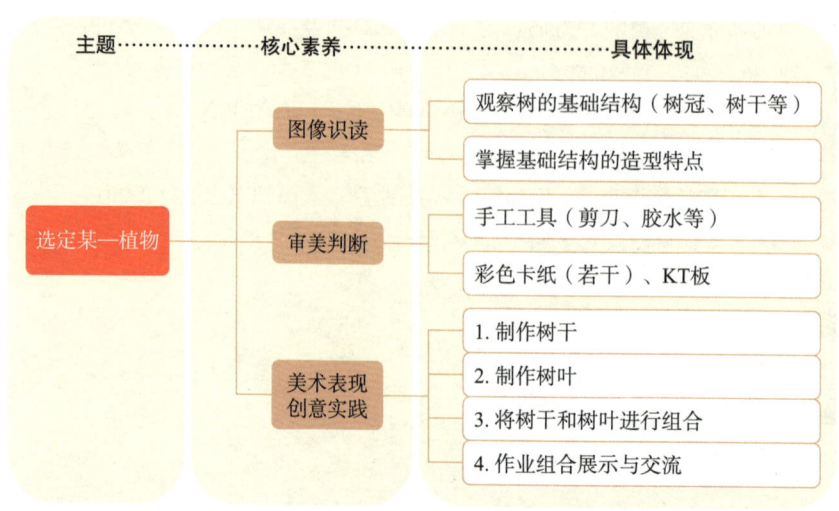

> **课前知识窗：一些奇妙的树**
>
>
>
> 马达加斯加的猴面包树：粗树干可储存水，叶子和果实可以食用，种子可以榨油　　巴西的凤凰木：个性张扬的树，只见于热带地区　　新西兰风吹树斜奇景：树不断受到大风劲吹，却能持续斜着生长
>
>
>
> 夏威夷的彩虹桉树：在南太平洋生长的树，实用且美观　　日本一百多岁的老紫藤树：覆盖面积近两千平方米　　也门的龙血树：得名于它深红色的汁液，这种汁液可以作为油漆小提琴的染料　　南极山毛榉：浑身像是长满了青苔，毛茸茸的

教学过程

一、新课导入

多媒体播放"森林"主题的音频。

教师请学生回答：你听到什么声音？猜猜这是在哪里？

学生回答后，教师粘贴动物造型的板贴，总结：原来是在大森林里！春天天气晴朗，鸟语花香，森林里小动物们都活跃起来了，鸟儿在树上欢唱，动物在树下嬉戏！让我们一起走进大森林，走进树的世界！（板书课题"走进大森林"）

教学用具准备：范作、各色彩纸、剪刀、KT板、剪刀、胶棒、水彩笔、勾线笔、颜料、卷纸筒等

二、新课讲授

（一）树的世界

1. 消失的树

讲述渡渡鸟与卡尔瓦利亚树的故事，引出大自然物种进化中优胜劣汰的规律。

2. 常见的树

教师以描写季节和树木的古诗为题面，进行说诗句猜树名小游戏，再引导学生思考：生活中有哪些常见的树呢？

3. 奇妙的树

教师联系"课前知识窗"讲解奇妙的树，并请学生说说自己知道的奇妙的树，适时引入"动手制作一棵树"的教学任务。

（二）树的结构

观察树的基本结构：树干、树根、树冠（树枝、树叶）。

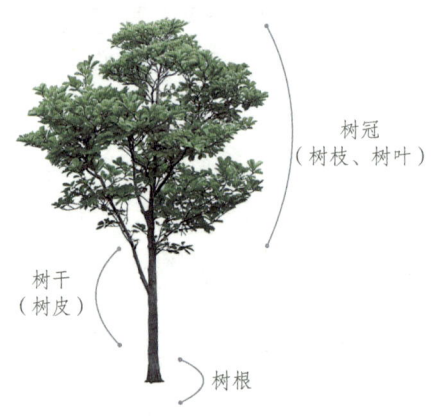

树的基础结构分析图

（三）树的表现

1. 不同美术表现形式下的树

通过对比中外画家对树的不同绘画表现形式，学生能更深入地了解树的基本结构及造型表现。

教师介绍：除了画出来，我们还可以用剪纸、版画、泥塑、纸艺以及综合材料塑造等方式制作树。我们今天就来用纸艺的形式制作一棵站立的树，我们一起来试试吧！

2. 教师示范制作一棵卡尔瓦利亚树

教师采取示范教学法，按照树的结构，自下而上地完成枝干和树叶，组合成一棵站立的卡尔瓦利亚树，把消失的树用纸艺形式复原。在示范教学的过程中同时引导学生动手制作。

教学提示： 此环节，教师可提前录制好教程视频，上课时边播放边讲解。

（1）制作树干

师生共同观察不同种类的树，教师引导学生归纳：树干的样式可以归纳为圆柱型和麻花辫型，分别示范其制作方法。

① 圆柱型：将长方形的彩色卡纸卷成圆柱形，粗细自由把握，用双面胶黏住接头处。
② 麻花辫型：选取三张长方形纸条揉软，三股一组，以编麻花的方式进行制作。

制作麻花辫型树干要先将纸揉软

麻花辫型树干完成效果

（2）制作树叶

教师利用 PPT 课件或教具展示多种形状树叶的图片，挑选几种典型的树叶示范制作。

雨滴形树叶

扇形树叶

多角形树叶

多边形树叶

制作基本树叶步骤：

第一步，将绿色硬卡纸对折；

第二步，在硬卡纸上用铅笔画出叶子轮廓的一半（注意叶柄要画得粗壮一些）；

第三步，用剪刀沿轮廓剪下；

第四步，将对折的纸展开后，一片叶子就出现了。

第一步

第二步

第三步

第四步

（3）组合树干与树叶

依据不同树的特征，将制作好的树干和树叶组合成为一棵完整的树，注意树叶之间、树叶与树枝、树干之间的穿插排布与疏密关系。

树叶组合

树干和树叶组合

成品效果

教师制作示范

（4）展示学生作品，打造"热带丛林"

教师组织并辅助学生将制作好的树放置于准备好的场景中，注意树与树之间的组合分布，调整好整体和局部的关系，打造"热带丛林"的情境。

学生实践过程

成果展示

在校园中展示

（四）融入情感，升华总结

1. 作业点评

师生选出 2~3 组作品，围绕"树的整体造型、树干制作、树叶制作、细节处理"多维度进行针对性的点评，以激发学生动手能力的积极评价为主。

2. 教师结合班级作品升华总结

我们一起走进清晨的森林，一起深呼吸：柔柔的阳光洒在林间，郁郁葱葱的叶子有了深浅不同的绿，芳草如茵，这是一个美好的家园！鸟儿们飞来了，在枝头欢快歌唱，动物们也来了，在林间追逐嬉戏，原来静谧的森林便有了勃勃的生机。

教学反思

1. 本课主要以案例赏析和手工实践的方式进行，应选取与学生生活贴近的树种，便于引起学生情感共鸣，还可选择名称具有趣味性或造型特别的树种，同时应考虑到所选树种手工制作的呈现效果。

2. 在本课中，部分活动可以以小组合作探究的形式进行，以此加强学生合作与探究性学习的意识。在教学中引导学生加深对自然生命的理解，提升文化素养。

教学资源拓展

图书资源

［英］史蒂夫·马什.纸上景观：树木［M］.张立，译.北京：中信出版社，2019.

这是一本优雅的自然书，也是一本特别的树木指南，收录了53幅伦敦自然博物馆经典馆藏手绘插图。这也是一本见解独到的人文科普读物，不仅介绍了53种树木的特征，还阐述了每一种树木的历史，以及在人类生活中的作用，让读者重新与这些壮观、高大的森林景观建立联系。

［日］稻垣荣洋.撼动世界史的植物［M］.宋刚，译.出离，绘.南宁：接力出版社，2019.

这是一部从植物视角看世界、看历史的书，叙述角度独特。作者融通多学科知识，用轻松的笔法将人类文明诞生到全球化进程中所发生的很多有意思的故事写进了书中，讲述了小麦、水稻、甘蔗、胡椒、郁金香等看似普通却极其重要的植物，它们的种植、传播、味道、价值对人类的经济、社会、文化、科技等多个方面产生的影响。

［英］约瑟夫·道尔顿·胡克，等.自然的世界：博物学家的植物插图笔记［M］.［苏］沃尔特·胡德·菲奇，等插图.王春玲，王春能，译.沈阳：辽宁科学技术出版社，2018.

本书从18～19世纪22部极具代表性的西方博物学著作中遴选出286幅彩色插图作品，精准地描绘了326种植物，将自然世界中的植物之美经由纸墨完美呈现。每一种植物都展现出灵动的形态特征，或婀娜多姿，或苍翠挺拔，令观者神情愉悦。

视频资源

央视网"纪实台"中的相关植物纪录片、中央电视台纪录片《中国国家森林公园》。

第五课　奇迹的家园

教学设计解读

"奇迹的家园"是"消逝的奇迹"核心素养单元中的最后一课，本课在学生已有知识积累与实践经验的基础上，结合对生物与地理等学科专业知识的客观解读，利用美术的视觉思维与创造性表现方式，进行展览展示方案设计，起到对本单元学习成果的总结与升华，并对课后自主学习进行拓展延伸。

学生在经历第一课问题情境的引导、自然文明的熏陶以及第二、第三、第四课的技能训练学习后，本节课将以小组合作探究的方式对已经消逝的地貌和未来生态的展望进行设计表现，并参与布展过程，共同营造"奇迹的家园"。在学习过程中，由平面到立体，从视觉思维到感官体验，循序渐进，将绿色的自然生态理念种植在学生心中，同时利用跨学科知识的融合教学促进学生综合素养的养成，强化学生解决问题的逻辑思维能力及动手操作能力。

本课任务驱动中的重点安排在最后一个环节，即学生在老师的协助下营造"奇迹的家园"，通过展览展示场地的设计与实地布展，将意象的知识转化为具象的表现，在自己的设计实践中感受可能诞生的奇迹。

教学目标

知识与技能：了解并掌握展览展示方案的设计步骤以及布展的流程。

过程与方法：结合前几课中制作的泥塑、纸艺等综合材料作品，依据展览展示方案进行实地布展，共同营造"奇迹的家园"。

情感态度和价值观：形成对于自然生态的保护意识与对自然生命的热爱之情，综合素养得到提升；能够从自身做起，保护环境，绿色生活，珍惜资源，共同守护地球——我们的家园，营造更美好的明天。

教学重难点

教学重点：了解并掌握展览展示方案设计的基本流程，以及实地布展的方法与步骤。

教学难点：根据展览作品与展地环境进行展陈方案的规划设计并布展，展览最终呈现效果与单元主题思想高度契合。

学习任务

1. 学生结合展览展示的设计流程进行"奇迹的家园"的展览展示方案设计。
2. 学生依据展览展示方案，合作完成"奇迹的家园"的展览布置。

思维导图

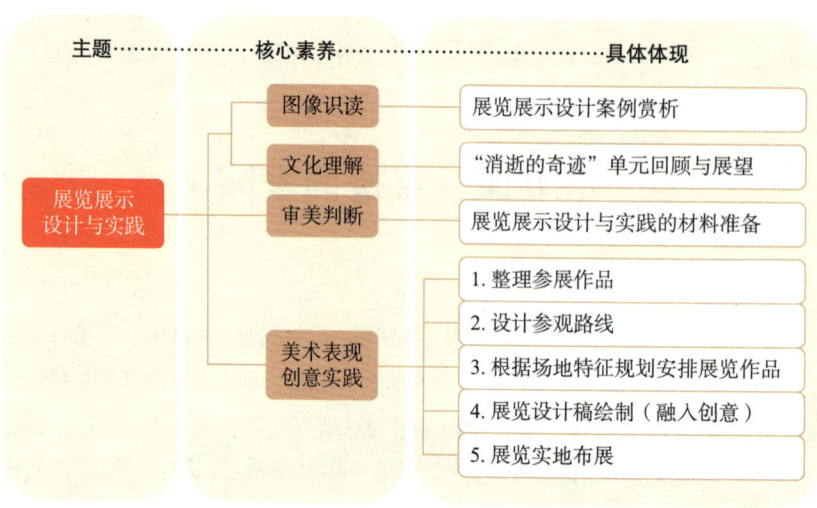

> **课前知识窗：理解"展览展示"**
>
> "展览展示"这一新型课程理念，源于现阶段美术学科核心素养标准下的需求。在美术学科教育体系中，展览展示是美术教学质性评价的方式之一，除了其所具备的评价功能外，在美术教学与实践过程中也具有重要的综合性价值，是促进学生学习交流、提高艺术价值的重要形式，也是艺术价值输出的重要环节之一。美术教育中的展览展示作为一项综合性教育活动，在活动过程中对培养儿童的美术学习、认知水平、思维模式等各项能力，都能够起到很好的促进作用。

教学过程

一、新课导入

教师介绍并提问：同学们，今天我们要当一回小小策展人，为我们前期制作的恐龙朋友、鱼类朋友和森林植被搭建一个展示空间——"奇迹的家园"。同学们，你们知道作为小小策展人，我们要掌握哪些知识吗？

生：设计、画图、布置……

教师总结：同学们回答得非常好，作为策展人，我们要完成展区设计并绘制草图，再进行布置；在此之前，我们还需要深入实际展区进行数据勘测，为展品规划好各自的区域，同时为参观者规划好参观路线。

设计意图：以角色扮演的形式，引导学生为构建"奇迹的家园"当一回小小策展人；将具有较强专业性的展览展示内容转化为易于小学生接受的知识点，使学生能够更深入地参与展览展示设计与实践。

> **教师围绕以下六个策展要点展开课堂教学**
>
> ① 学生勘察展区的地形面貌、环境特征、已有内部构造等，并进行数据统测；
> ② 学生根据展区实际勘测，多角度综合考虑参观路线，规划展品布置；
> ③ 学生围绕展区存在的疑难问题进行探讨并提前预设方案；
> ④ 学生对展览进行整体规划，审视设计稿的可操作性并优化方案；
> ⑤ 教师带领学生进行实践布展；
> ⑥ 与学生一起反思策展与布展存在的问题并进行总结。

二、新课讲授

（一）展览展示的路线图设计与绘制

设计意图：针对本节课的教学内容进行细化知识点对应，依次向学生提出三个基本问题，层层推进展开教学。最终，学生能通过三个基本问题的引导及问题的解答，内化本节课的重难点知识，并完成展览展示的路线图设计与绘制。

1. 基本问题一：如何帮助它们找到最合适的位置？

课前准备：教师组织学生以小组为单位进行合作探究，利用课余时间前往展览场地了解展区的实际情况，包括：① 展区四周环境面貌及存在问题，并在课上探讨解决方案；② 了解可以放置展品的实际区域——地面、四周墙面、可移动墙面以及墙顶面；③ 对展区平面数据进行勘测并绘制出展区勘测平面图。

师生互动：教师应紧扣课程内容，将知识点逐步递进，进行"提问式"互动教学，并充分结合小组探究式教学引导学生由浅及深地观察展区特点。

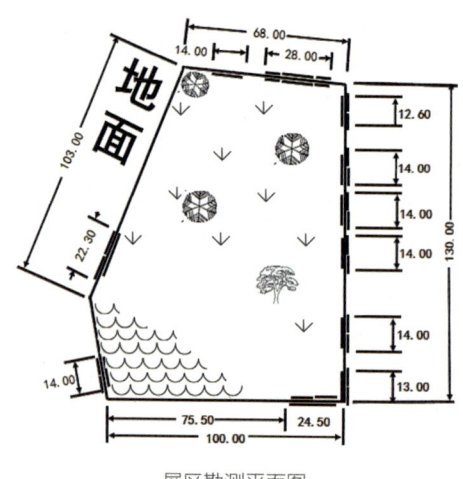

展区勘测平面图

展区取景

引导学生结合展区取景照片与展区勘测平面图，进行思考：① 展区整体是什么形状的？② 展区四周的环境特征是怎样的？③ 展区内已经有了哪些布置？

2. 基本问题二：你更希望呈现怎样的参观路线？

关于"参观路线"，教师应结合实例讲解，例如给学生展示生活化的路线图以引起学生情感共鸣。

关于路线图的设计，教师应该讲解如何妥善整体布局、设计路线并增加创意思维，例如参看特殊的路线图——"像迷宫一样的展览路线设计，既有趣又好玩"。

关于路线图的绘制，教师应该向学生展示不同样式的路线图绘制效果，例如：① 只有文字没有图标的；② 只有图标缺少文字的；③ 既有文字又有图标的。引导学生发现既有文字标注又有图标的路线图的效果更佳。

特殊的路线图

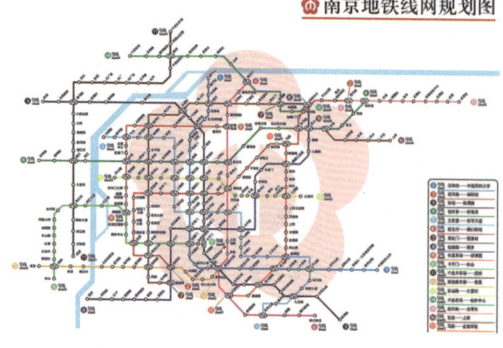

只有文字的路线图（举例）

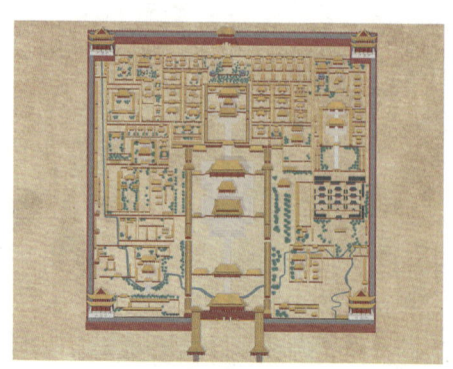

只有图标的路线图（举例）

第五课 奇迹的家园

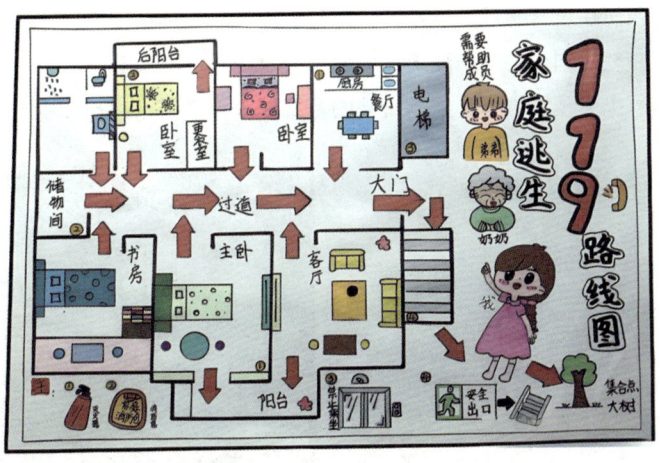

既有文字又有图标的路线图（举例）

教学提示：教师须提前勘测数据，以便在课上校准学生在课前准备环节中的展区勘测数据与平面图绘制，解决如数据偏差、信息缺失或绘制不详等问题，帮助学生加以调整并完善展区信息，教师需课前绘制课堂作业的材料（参看下图：教师根据"展区勘测平面图"设计课堂作业图稿），按学生人数打印相应的份数。

教师提前拍摄的展区图片，用以补充和校准学生勘测的不足

消逝的奇迹

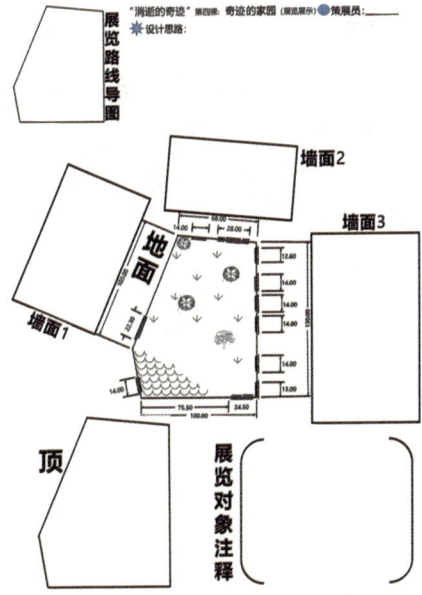

教师根据"展区勘测平面图"设计课堂作业图稿（教学用图）

3. 基本问题三：如何在没有水域的展览区，划分出海洋的专属空间？

要求：特殊区域合理规划，海洋与陆地的区域划分设定。

解决办法：教师须提前预设方案并绘制设计的效果图，课堂展示，与学生交流各自解决方案。

教师绘制预设方案图初稿

教师绘制预设方案图二稿

要点理解：

① 空间理解：可利用的空间不只有地面、四壁，还有屋顶、屋内空间。

② 空间设计：空间的交融性＋空间的充分利用＋空间的创意构建。

③ 展品绘制：展览物品"符号化"，用特定的符号代替复杂的展品。

④ 整合绘制：应根据设计好的路线，合理安排展览物品（符号代替）的摆放。

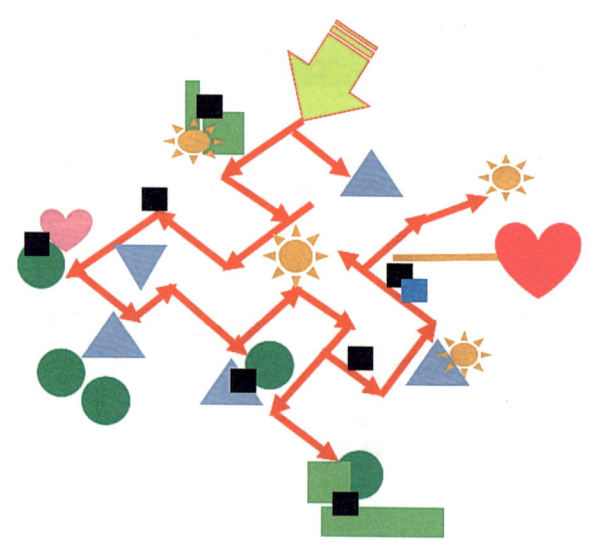
"整合绘制"示范图稿

教学提示：关于学生动手实践绘制部分，教师应结合示范教学法，进行相应的绘制示范。

4. 课堂作业

环节一：学生小组讨论＋设计绘制。

环节二：教师针对性指导＋整体分析。

环节三：学生分享交流＋方案择优（学生投票选出最佳方案）。

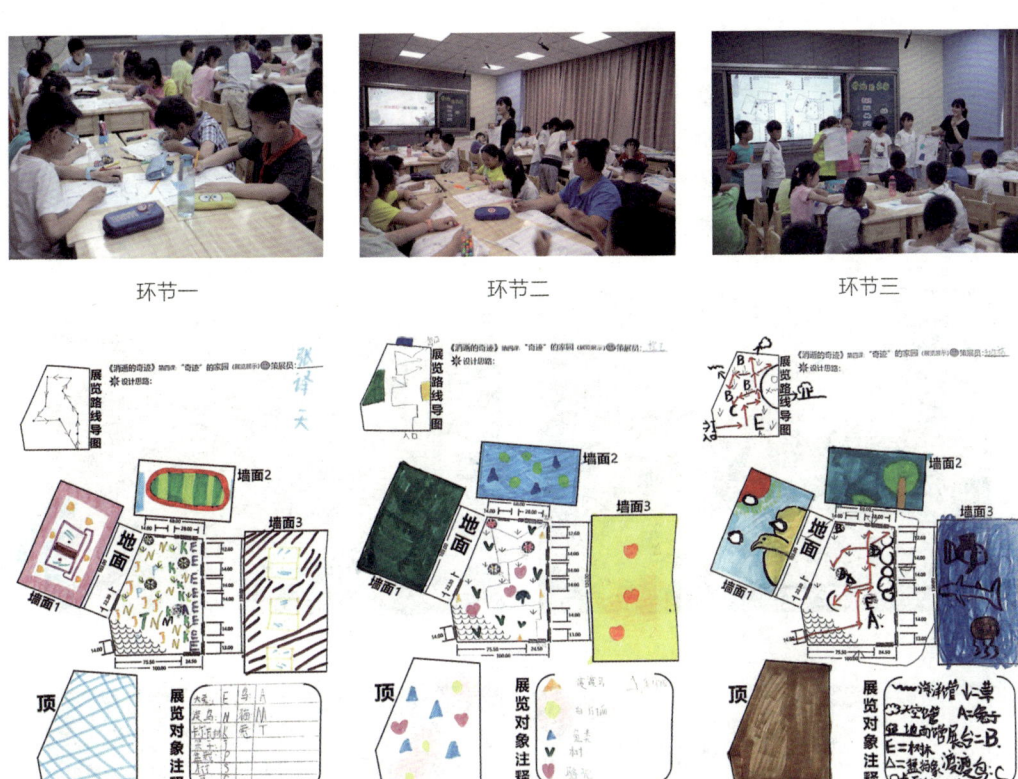

环节一　　　　　　　　　环节二　　　　　　　　　环节三

学生作业展示

学生作业展示

（二）布展准备（应进行总结性回顾）

整理参展对象：准备展览展示的对象有哪些？

路线：你们希望参展者按照怎样的路线参观？

因地制宜：根据展览物品与展览场地环境特征进行安排设计。

小创意萌发：如何合理添加创意使展览效果更精彩？

设计稿标注：标注你的设计思路，让你的设计稿更为清晰直观。

（三）实地布展

环节一：教师在布展现场再次讲解并组织学生合理分工。
环节二：学生以小组为单位有序开展布展活动。
环节三：教师参与协助（如操作难度较大或有一定危险性的工作）。
注意事项：具体问题具体分析，不能固定模式化，需灵活多变。

环节一

环节二

环节三

教学反思

在本课中，存在两个版块：一是学生在课堂内的实践，即展览展示方案设计与绘制；二是学生在课堂外的实践，即展览展示场地的布置。从设计到落地，必然会存在一定的出入。所以在课堂方案具体落实前，教师需要在课堂内加强对学生在实践操作灵活性的引导，增强学生的多变思维与应变能力；在具体实践中，加强对于学生操作的引导，合理安排布展工作，有序地推进布展活动；在具体实践后，及时对学生的表现进行课堂跟踪反馈，推进课程结构的调整与优化。课后可通过学生访谈进行反思和总结。

教学资源拓展

图书资源

英国 DK 公司 . DK 博物大百科：自然界的视觉盛宴 [M] . 张劲硕，等译 . 北京：科学普及出版社，2018.

本书精选了 5000 多个物种，清楚地概述了自然世界的分类，包括植物、动物、菌物、微生物、岩石、矿物、化石，含有 6000 多幅插图，提供了丰富的自然探索成果，帮助对自然世界充满好奇的孩子形成保护自然、热爱自然的情感。

英国 DK 公司.DK 地球大百科：修订本［M］.王纯纯，等译.北京：电子工业出版社，2019.

本书共涵盖 1000 余个知识点，近 2000 幅清晰图片，主题多元，领域广阔，内容经典，探索壮美的地球，了解海洋的浩瀚、火山的无常、天文的神秘、晶体和宝石的璀璨，见证自然灾害的无情。阅读本书可以充分激发孩子的想象与创意，启发孩子的科学思维，引导孩子了解地球、关爱地球、保护地球。

深圳市艺力文化发展有限公司.看世界：展览展示设计 =Walk and Watch-Trade Fair Design：汉英对照［M］.广州：岭南美术出版社，2018.

本书选取了国内外优秀案例，从展览展示设计的专业角度剖析了展示空间的精髓。其中包括展览路线、展示方式、视觉图形等个性化设计等要点讲解，同时也介绍了展览展示设计中应用的一些新兴技术，可以给展览展示的设计与实践提供一些新的思路。

期刊资源

李绪洪.美术博物馆在当代儿童美术教育中的作用［J］.中国美术教育，2003（6）.

庄仲鑫.如何办好校园艺术展览初探［J］.教育教学论坛，2013（25）.

塔蒂亚娜·利维，严志军.儿童与博物馆：在艺术的世界里薪火相传［J］.国际博物馆（中文版），2015（Z1）.

禾磊建筑.打开的回形针　台北市立美术馆儿童艺术教育中心［J］.室内设计与装修，2015（6）.

张宇.校外美术作品展览活动的设计与实施［J］.黑河教育，2017（9）.

相关儿童艺术展览

赤峰首届少年儿童美术作品展；成都麓湖·A4 美术馆"i-Start 儿童艺术节"；2017 年江苏万名儿童创意美术双年展"自然的种子　想象的力量"；2017 年北京故宫博物院与香港康乐及文化事务署共同举办的教育出版主题展览"我的家在紫禁城"；江苏省第六届中小学生艺术展演活动的艺术作品展览现场。

4 单元小结

随着教育的发展，跨学科的融入设计与实践在具体的课程开发中越来越得到重视，本着学生长远发展并促进其自身综合素养提升的眼光去审视跨学科的理念，我们不妨现在就开始跨学科课程资源的开发、实践、研究、分析，并以此循环往复。我们在具体的教学设计中对跨学科融合下学习目标的设定和学习结构的设置进行预测，根据学生的学情需要，教师能够灵活地调度不同领域的学习经验，使得各学科知识都被自然地融合于教学活动之中。

5 跨学科分析与展望

单元课	跨学科	教学内容设置
第一课 它们去哪了？	美术	从艺术的视觉角度去赏析特定的物种以及时代背景。
	自然人文	从自然人文的角度讲述人与自然的和平之道与共同发展的脉络，铺垫学生在学习中的主题性情感：热爱自然，保护自然！
	历史	从历史的角度，讲解特定物种生存的历史阶段实况，作为情感渲染的背景介绍。
	地理	讲解不同物种生存的特定地理风貌，增强学生对于空间维度具象事物的掌握。
第二课 它们回来了 第三课 "鱼"你在一起 第四课 走进大森林	美术	借助以纸、超轻黏土为主体的综合材料等艺术媒介，进行部分物种的艺术性复原（在了解物种以及艺术媒介特性的基础上，进行美术技能训练）。
	科学	传统手工艺术与创新科技结合：新材料、新装置、新创作手法。
第五课 奇迹的家园	美术	结合艺术的形式进行艺术策展方法的讲解并进行策展设计。
	数学	借助数学的空间逻辑思维和数学运算，对艺术展览空间进行实地勘测，绘制规划图稿。
	语文	在策展过程中借助语文的语言表述开展相应的文稿撰写。

园林营造

设计及执教：管书军、李金萍、赵昌婷、孙艳婧　　指导：秦华、沈兰

中国古典园林在数千年的岁月中孕育出了独特的造园手法、艺术风格和中华民族特有的美学思想，是中华民族优秀传统文化中的重要组成部分。中国传统园林作为重要的美术课程资源，如何将其中的艺术、生活、自然与审美的智慧转化成学生的核心素养，需要进行新的探索。

"园林营造"单元改变传统园林教学以鉴赏为主的模式，通过园林改造的单元任务驱动，实现运用知识解决问题的单元教学思路，学生能够深入理解传统园林，实现从传统中提升传承与创新能力的目标。

网师园一景

1 单元概述

单元设计说明

本单元是以七年级学生为授课对象,以园林营造为主线开展的核心素养单元课,通过园林改造单元任务驱动的设计,学生能深入剖析苏州古典园林的构成元素、造园法则和文化内涵,在合作探究中理解和领会中国古典园林的继承与创新,并结合现代生活对传统园林实现创造性表达。

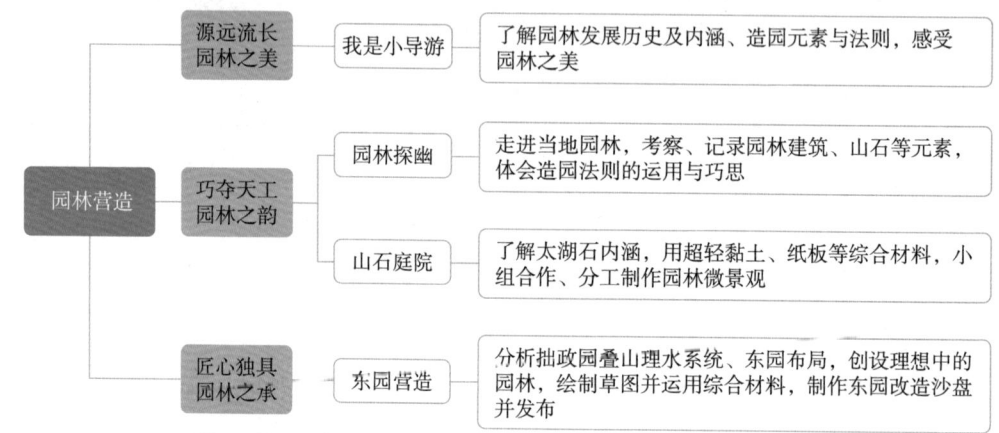

单元内容与核心素养

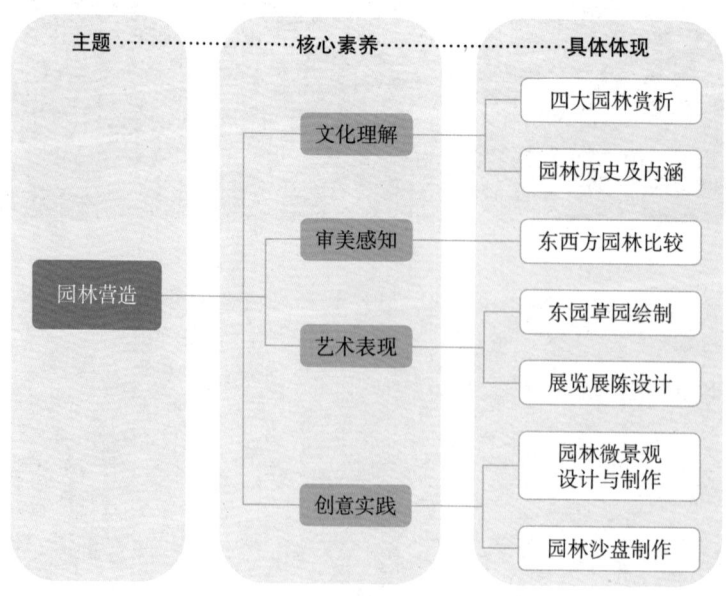

2 单元设计

单元大观念	中国古典园林体现了人、建筑与自然的和谐关系。
问题情境	很多游览过拙政园的朋友都有这样的感觉：中园和西园古色古香，东园则有很多较新的建筑，甚至还有一些临时搭建的商业区域，总体感觉没有中园和西园妥帖自然。原来，拙政园的中园和西园传统景观保存较好，而东园是1952年后陆续重建的，较难和中园与西园形成完美的衔接。假如有可能对东园进行改造，你能设计一个改造方案吗？
基本问题	1. 如何理解中国古典园林的文化内涵？ 2. 古典园林有哪些营造理念和方法？ 3. 如何进行园林的设计和规划？
单元任务	设计东园改造方案，制作沙盘并举办"发布会"。
单元教学目标	1. 了解园林历史、造园元素及法则、置石原理，会以手绘、综合材料制作等形式再现园林景观，初步知晓作品展览、发布等相关知识。 2. 通过分析、讨论、实地考察、调查、讲座、实践等方式，赏析、记录、再现园林。 3. 体味中国古典园林的文化内涵，感知园林的独特魅力，提高改造和美化生活的意识。

3 单课内容设计

课时安排	第一课	第二课	第三课	第四课
单课名称	我是小导游	园林探幽	山石庭院	东园营造
任务驱动	园林导游PPT的设计制作与讲述	组织开展园林实地考察	设计与制作园林微景观	设计与制作东园改造方案的沙盘，并举办"发布会"
教学内容	1. 拙政园的发展历程 2. 造园元素及造园法则 3. 如何欣赏园林之美	1. 感受园林之美 2. 体会造园元素与法则的具体应用 3. 运用视频、照片、问卷等方式搜集素材与数据	1. 太湖石案例分析 2. 超轻黏土山石制作技法的教学和示范 3. 运用综合材料完成微景观的设计与制作	1. 拙政园布局分析 2. 结合苏州城市现状，设计东园改造方案 3. 制作园林沙盘模型，举办园林改造"发布会"
材料准备	纸、笔、PPT课件等	导游讲解器、纸、笔、相机等	纸、笔、PPT课件、建筑纸板、剪刀、胶带、颜料、超轻黏土等综合材料	纸、笔、PPT课件、彩纸、剪刀、胶带、KT板、颜料、泡沫板等综合材料
学习形式	课堂学习	实地考察	课堂学习	课堂学习
评价方式	学生自评互评、教师评价、数字档案袋评价	学生自评互评、教师评价、视频录像、数字档案袋评价	学生自评互评、教师评价、数字档案袋评价	学生自评互评、教师评价、数字档案袋评价、展示交流评价

第一课　我是小导游

教学设计解读

"我是小导游"作为"园林营造"核心素养单元中的第一课,通过模拟导游的任务,引导学生了解中国传统园林。通过问题情境创设,明确园林模型设计与制作的单元任务,引导学生自主探究中国古典园林的历史、造园法则、欣赏方式、文化内涵等,为本单元后续系列活动的开展建立园林营造和欣赏的理论基础。

教学目标

学生能够了解园林的基本发展历程、基本构成元素、营造法则与欣赏方法,加深对传统园林的理解与热爱。

知识与技能:了解中国园林的发展历史、苏州四大名园、造园元素及造园法则。

过程与方法:通过赏析、比较、分享,提高学生的批判思维能力和交流表达能力。

情感态度与价值观:理解中国古典园林造园理念和文化内涵,产生对园林文化的热爱之情。

教学重难点

教学重点:了解园林的基本组成要素、营造法则与欣赏方法。

教学难点:理解造园法则与生活、文化之间的关系。

学习任务

结合造园元素及法则相关知识,选一园林,小组合作完成"导游"PPT制作,并进行汇报陈述。

思维导图

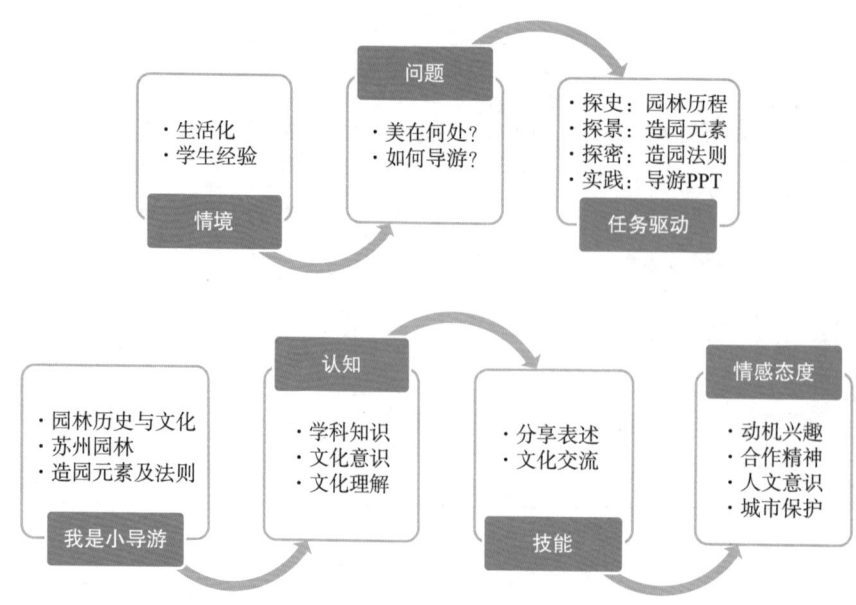

课前知识窗：园林知识我知道

课前请学生自主搜集园林的相关图片、文字、视频等资料，填写表格。

园林名称	年代	园址	说明
例：拙政园	明	苏州市姑苏区东北街178号	此地初为唐代诗人陆龟蒙的住宅，元朝时为大弘（宏）寺。明正德四年（公元1509年），弘治进士、嘉靖年间御史王献臣仕途失意归隐苏州后将其买下，并聘著名画家、吴门画派的代表人物文徵明参与设计蓝图，历时16年建成。拙政园是中国四大名园之一。

教学过程

一、新课导入

1. 陈述问题情境，明确单元任务

通过图片展示拙政园西园、中园与东园的差异，让学生体会拙政园在不同营建时期的差别，了解形成差别的原因，能够从园林营造的角度直观感受园林的传承与创新。

在此基础上教师提出与任务驱动相关的问题：如果对东园进行一次改造，你能设计出改造的方案吗？当然，改造园林不是一个简单的事情，那么，我们就从了解园林开始吧。

2. 确立单课目标，提出小问题，进入单课学习

① 你们是否去过苏州的园林？还记得它们的名字吗？

② 你在园中游玩时，是否会有这样的疑惑：一个园子有什么好看的？其中的乐趣何在？

③ 如果你是导游，你会如何给游客介绍苏州的园林呢？

3. 布置单课任务

选择一座你喜欢的园林进行探究，并撰写该园林的导游词，课堂上推荐两位同学做"园林导游"代表，为其他"游客"介绍园林之美，分享导游词。

二、讲授新课

（一）探史

1. 师生一同回顾中国园林发展简史

教师：中国园林历史悠久，向游客介绍苏州园林，必少不了对园林历史的介绍。请先跟着老师做一个简单梳理，看看中国园林经历了怎样的发展历程。

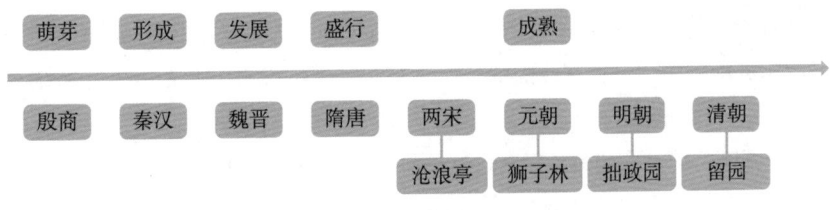

中国园林发展历程

教师利用图文并茂的 PPT 课件展示中国园林的发展历程和代表性园林。

2. 感受苏州园林魅力

教师引导：苏州园林作为南方园林的代表，其营建可追溯至春秋，发展于晋唐，繁荣于两宋，全盛于明清。请同学们结合以往所学所知和游览见闻，思考并与同伴交流：苏州的园林有着怎样的独特魅力？

学生分享，教师适时引导总结，注重启发性。

教师：苏州全市现有园林六十多座，其中拙政园和留园为中国四大名园（其余两园为北京颐和园和承德避暑山庄），并同网师园、环秀山庄一起于 1997 年 12 月被联合国教科文组织列入《世界遗产名录》。让我们一起欣赏苏州四大代表性园林——沧浪亭、狮子林、拙政园、留园。

师生共同欣赏后，请学生思考：苏州在古代最多时曾有两百多处园林，为什么会在一个城市出现这么多的园林呢？

宋 沧浪亭

元 狮子林

明 拙政园

清 留园

（二）探景

1. 江南园林的造园元素

教师：江南园林的设计有着相应的组成元素和营造规律，正是依据这些规律有效组织各种元素，园林才成为一幅幅流动的画、一首首凝固的诗，置身于灵秀优雅之中，无一不包含着丰富的文化意蕴，以及造园者的匠心与巧思。

学生活动：选择某一园林中的造园元素进行分析，并与同伴交流。

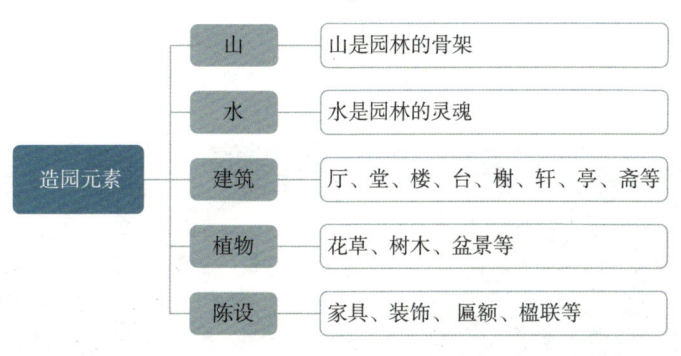

造园元素分析

2. 江南园林中的建筑

播放视频《巧夺天工的园林建筑》，请学生观看后思考"亭"的作用是什么。

教师总结亭的作用并引导学生进一步思考与探究：我们知道了"亭"的作用，那么，园林中的其他建筑分别具有什么样的构造特点和功能呢？建造这些建筑的时候，要注意哪些设计构思的规律呢？

引导学生尝试回答，并适时进入下一环节。

（三）探密

1. 中国园林的造园法则及其运用

（1）相地合宜，构园得体

教师：凡造园林，必先相地，只有"相地合宜"才能"构园得体"。园林的设计需要按地形、地势、地貌的实际情况，考虑园林的性质、规模，进而构思其艺术特征和园景结构。计成于《园冶》中将造园用地分为山林地、城市地、村庄地、郊野地、傍宅地、江湖地等六种，就是依据园林所在区域特点，将园林与自然进行有效融合的经验总结。

（2）因地制宜，随机生动

教师：计成在《园冶》中多次提到"景到随机""得景随形"等原则，即要根据环境形势的具体情况，因山就势，因高就低，随机应变。通过对地貌的考察（相地），园林营造者可以取得合适的选址，再通过因地制宜的合理布局，使多种景观相协调。这是中国造园艺术的逻辑，且与中国画论中的"经营位置"有异曲同工之妙。

（3）巧于因借，精在体宜

教师：江南园林多为私家园林，有围墙和边界，是

视频《巧夺天工的园林建筑》截图

太保相宅图

一个有限的空间，这就避免不了局限性，但酷爱自然的中国造园家，从来没有囿于现有空间，他们以因地、因时借景的手法，给有限的园林空间插上了无限风光的翅膀。

园林中的借景

学生思考与探究：观看视频《借景》，分析其中讲述的构景方法，并思考在造园中还会运用哪些构景方法。

（4）欲扬先抑，柳暗花明

教师：西方园林大多开朗明快，宽阔通达，视野一目了然；而中国园林却以含蓄有致、曲径通幽见长，通过"山重水复疑无路，柳暗花明又一村"的视觉变化，体现"欲露先藏、欲扬先抑"的园林布局构思，实现引人渐入佳境的目的。

学生探究：园林中影壁、绿化树丛有什么作用？有哪些增加园林空间层次的方法？

留园　又一村

留园　清风池馆

2. 设置思考与探究

以上介绍了四种中国传统园林的造园法则，但关于园林营造的理解和造园方法还有很多，例如"起结开合，步移景异""小中见大，咫尺山林""虽由人作，宛自天开""胸有丘壑，统筹全局"等，请以小组为单位选取一条造园法则，在教师的指导下进行解读与分享。

3. 知识拓展

比较与分析不同造园理念影响下的东西方园林的特征和表现形式。

西方园林

东方园林

（四）课堂作业实践及展评

教师引导：园林的山水布局、建筑安排及花木栽植，往往会以中国山水画论中的相关方法和观点为依据。在追求意境的总体构思下，园林通过匾额、楹联等，实现情景交融的整体艺术特色，这种表达方式使我国园林散发出浓浓的诗情画意。请大家结合对园林营造理论与方法的学习，完成导游PPT的撰写、制作并汇报。

学习任务：结合造园元素及法则知识，选择一处园林，小组合作完成导游PPT制作，并进行汇报陈述。

学生分组合作，选择一处园林，拟定导游词撰写方案，分头搜集资料并整理、撰写导游词，制作图文并茂的导游PPT。小组选派代表，以"导游"的身份向"游客"介绍该园林。

教学建议：本课的学习任务要落脚到PPT的制作上，需要学生提前学习PPT制作技巧，可与信息技术课老师合作开展。本课可用2课时完成，第1课时师生共同探究园林营造的相关知识，并布置课后作业，让学生课后小组合作制作导游PPT，第2课时进行展示汇报和展评。也可以在计算机教室中进行，师生共同探究园林营造的相关知识后，分组进行资料搜集及PPT制作。

教学反思

在本课教学中，学生对导游角色体验环节表现出浓厚的兴趣，但学生对园林的了解如果仅限于课前对园林资料的搜集和了解，是远远不够的。因此，教师需要在教学中进行有效梳理，在讲授园林历史、造园元素、法则等知识点时要加强学生间的合作性、探究性学习，将"导游"身份与知识点的学习融合，帮助学生规范导游PPT中的流程设计和导游词撰写，体现"做中学"的特点，实现学生从传统鉴赏向主动理解、应用知识转变，为后续学习奠定园林理论基础。

教学资源拓展

陈从周. 梓翁说园［M］. 北京：北京出版社，2004.

　　陈从周是我国著名古建筑学家、园林艺术家、散文家，这本书是他关于园林著述的文集。书中包含了园林营造的原理、方法以及如何进行欣赏等内容，深入浅出，文辞优美，非常适合中学生阅读。

［明］计成. 园冶［M］. 刘艳春，编著. 南京：江苏凤凰文艺出版社，2015.

　　该书是对明代计成《园冶》的编译解读，500余幅精美插图呈现了园林营造的布局和格调，直观解读了中国古代宅院、私家园林的营造理念、过程和方法。

第二课　园林探幽

教学设计解读

"园林探幽"是"园林营造"核心素养单元中的第二课，通过拙政园实地考察，让学生真实地感受园林之美，体会造园元素与法则的具体应用，并在实地考察中发现东园存在的问题。考察活动中可以运用视频、照片、速写等方式搜集素材。本课要求学生运用多种形式对园林进行观察、记录，通过多种感官体验和感受园林的魅力，理解造园法则在实际中的运用，培养批判性思维能力和合作能力，为完成东园改造方案单元任务搜集素材。

教学目标

通过对拙政园的实地考察，感受园林之美，体会造园元素与法则的具体应用，并能够运用视频、照片、速写等方式，为完成东园改造方案这一单元任务搜集素材。

知识与技能：考察造园法则的实际运用，学会搜集和记录素材，学会问卷调查与结果整理。

过程与方法：通过实地考察、听、问、探，提高批判思维能力与交流表达能力。

情感态度与价值观：理解人与自然生态的关系；感知古人造园理念，理解古典园林与现代城市的关系。

教学重难点

教学重点：感受园林之美，理解造园元素与法则在园林中的实际运用。

教学难点：理解造园元素与法则在园林中的实际运用。

学习任务

结合实地考察搜集的素材，完成一份园林调查报告。

思维导图

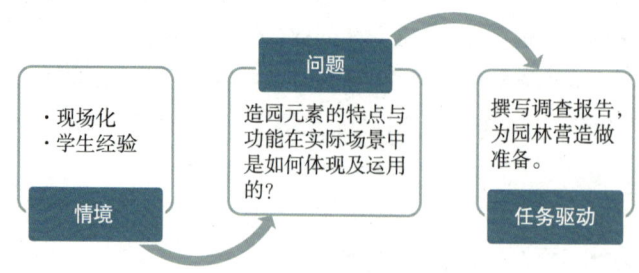

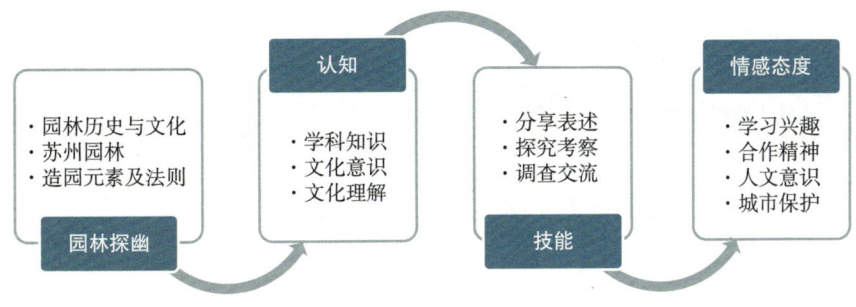

> **课前知识窗：《园冶》**
>
> 《园冶》是中国第一本园林艺术理论专著，作者是明末造园家计成，成书于明崇祯四年（公元1631年），崇祯七年（公元1634年）刊行，全书共3卷，主要分为园说和兴造论两部分。其中园说又分为相地、立基、屋宇、装折、门窗、墙垣、铺地、掇山、选石、借景10篇。该书系统阐述了造园理念，并详细地记述了园林营造的具体方法，书中有两百余幅墙垣、地面、门窗等具体造园元素的图例，既有实践总结，也有作者对园林艺术的独创见解和精辟论述。

教学过程

一、新课导入

明确学习任务：小组合作设计一份调查问卷，在任务单的指引下对拙政园进行实地考察，重点关注造园方法和造园理念的实际应用，完成调查报告并汇报。

教师提出实地考察的要求：

① 体验园林中的不同建筑、植物、山石、水系以及诗词匾额等元素在真实场景中的游览感受（描述性）。

② 在真实场景中感受、理解园林营造的原理和方法。

③ 通过图像、影像记录的方式，为调查报告撰写提供具体数据和素材。

设计意图：实地考察前要制订详细的调查计划，才能使实地考察不流于形式，调查到真正需要的素材。

二、实地考察

1. 情境教学

组织学生走进拙政园，在任务单的指引下进行实地考察，为撰写调查报告搜集素材。

园林考察任务单

我考察的场景地点	主要记录方式（视频/照片/速写）	场景特色	运用的造园方法	体现的造园原理	心得感受
建筑					
植物					

续表

我考察的场景地点	主要记录方式（视频/照片/速写）	场景特色	运用的造园方法	体现的造园原理	心得感受
山石					
水系					
诗词匾额					
其他					

考察拙政园假山和水系　　　　考察拙政园建筑　　　　研究拙政园门窗

2. 调查问卷

以小组为单位，利用提前准备好的问卷进行调查。

调查问卷

1. 您喜欢苏州园林吗？

2. 您喜欢的原因是什么？

3. 您知道哪些园林审美的特点？

4. 您认为园林能够融入现代生活吗？

5. 您有哪些鉴赏和保护园林的建议？

学生在拙政园中进行问卷调查

3. 分享与研讨

聆听专家讲座，进一步理解园林与城市的关系。

三、交流考察成果

教师活动：① 组织学生交流分享心得及疑惑；② 指导学生整理任务单和实地调查中搜集到的

资料，撰写园林调查报告。

学生活动：① 结合任务单和考察情况讨论、分享观点及发现；② 完成调查报告的撰写。

课后反思

本课为考察活动课，学生实地感受园林之美，理解园林营造的原理和方法在真实园林景观中的应用。本课任务清晰，学生在实地考察中兴趣盎然，积极性、主动性被充分调动，他们或听，或拍，或画，或问，形式多样。学生自由组成学习小组，分工明确，合作和谐，充分发挥了能动性及专长，教学效果佳。考虑到现场情境教学的特殊性，在组织户外教学课时要提前精心设计，确保在短时间内能将各项任务同步分组实施，最终搜集的资料、素材在各小组间共享，实现资源的充分利用。

第三课　山石庭院

教学设计解读

通过本单元前两节课的学习，学生对园林有了较为深入的体验与理解，本节课将学习园林微景观的制作，为学生最终制作园林沙盘做道具素材的准备。同时，体会园林山石、建筑中的审美要素及人文特征，提高学生对园林中山石和建筑的理解水平。

教学目标

通过园林微景观的设计与制作，体会园林艺术的审美特征，并为园林沙盘的设计与制作积累素材。

知识与技能：以太湖石审美理解为基础，运用简单的置石方法，简单组装纸板建筑。

过程与方法：通过赏析、比较、制作体验，提高动手能力与交流表达能力。

情感态度与价值观：感知园林的人文精神与造园匠心。

教学重难点

教学重点：掌握园林微景观设计与制作的技巧，并能够进行设计与制作。

教学难点：理解太湖石、植被等配景在园林场景中的作用，并能进行应用。

学习任务

运用超轻黏土、小石子、小树枝等综合材料表现不同造型的园林微景观。

思维导图

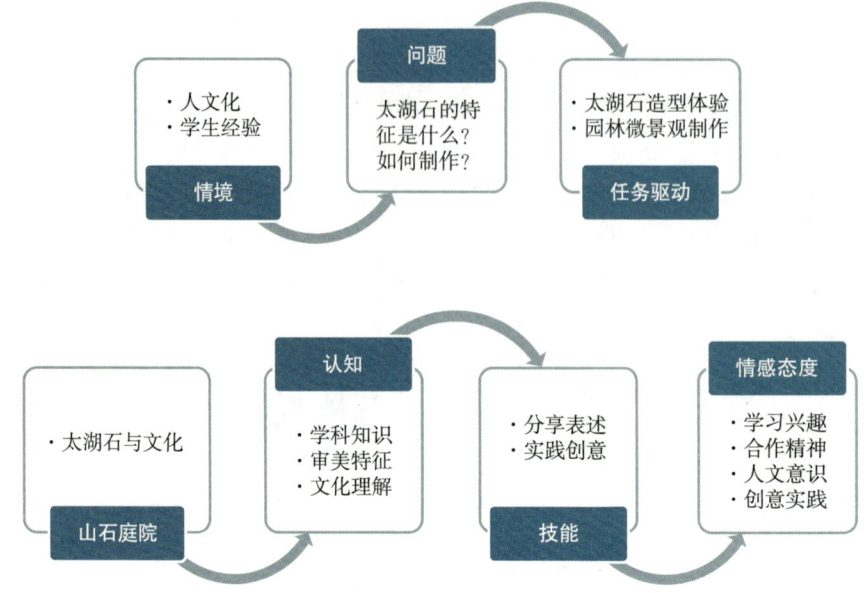

课前知识窗：太湖石及江南三大石峰

苏州临近太湖，而太湖盛产太湖石，太湖石常被用来制作盆景、假山，深受文人墨客的喜爱，所以在游览苏州园林的时候，随处可见太湖石。

冠云峰，留园内的太湖石"冠云峰"相传是北宋末年"花石纲"遗物，总高约6.5米，重约5吨，高度为江南园林中湖石之最，集"瘦、皱、漏、透"四奇于一身，是太湖石的典型代表。

瑞云峰，苏州市第十中学校园内的太湖石"瑞云峰"高约5米，宽逾3米，形同巨掌，嵌空玲珑，褶皱相叠，如云奔浪涌，极具"漏、透、皱"之美姿，因有70多个小孔洞，被认为是"透"的典型样例。

玉玲珑，上海豫园内的太湖石"玉玲珑"高约3米，宽约1.5米，厚约0.8米，重约3吨，石色青黝，朵云突兀，万窍灵通，有"玉玲珑石最玲珑，品冠江南窍内通"之誉。

教学过程

一、新课导入

教师展示上一节园林考察课中搜集到的太湖石景观图片，引导学生思考：太湖石有着怎样的特点？它们和普通变质岩在外形和特征上有着怎样的差异？

教学提示：课前要让学生提前准备制作园林微景观的材料和工具。

第三课 山石庭院

拙政园中的太湖石

学生结合考察经历和图片尝试回答，教师适时总结，肯定学生的答案并提示本节课会进行深入的探究学习。

教师预设本课学习任务：制作一个以石头为主的园林微景观。展示本课中可能会用到的各种工具和材料。

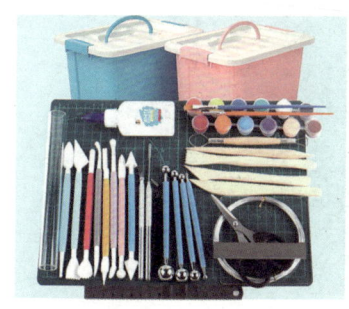

压泥棒、雕刻刀、剪刀、尺子、乳胶、颜料、画笔等

各色超轻黏土

草皮粉、人造草皮

碎石

景观小配件

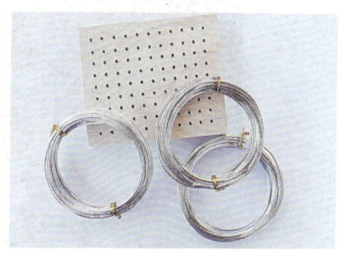

底座支架（可用硬纸板、铁丝自制）

园林微景观制作材料及工具

二、讲授新课

（一）太湖石景观赏析

对比分析太湖石和普通变质岩两者的外形特征差异，引导学生归纳太湖石的自然形态特征与审美内涵，探究山石在园林中的作用。

冠云峰

普通变质岩

教师总结：北宋文人画家米芾仅用"瘦、透、漏、皱"四个字就概括出太湖石的审美特征。"瘦"，显示挺拔的风骨；"漏"，显示畅通的血脉；"透"，显示剔透的精神；"皱"，显示多变的英姿。

（二）太湖石的作用

教师提出问题：你在哪些地方见过太湖石？它们放在那里有何作用？

学生讨论回答后教师进行总结，同时在 PPT 课件上呈现不同摆放位置的太湖石的图片。

引石点缀

驳岸花台

案头摆件

嵌壁叠石

教师进一步总结太湖石景观的作用：① 分割空间，隔而不断，更有层次；② 再现真实山水；③ 表现主题，营造意境美。

（三）太湖石的制作

教师再次出示本课任务：制作一个以石头为主的园林微景观。引导学生先制作太湖石。

教师播放提前录制好的用超轻黏土制作太湖石的视频，学生观看后，小组分工合作，完成太湖石主体造型制作。

老师制作太湖石的视频截图　　　　　　学生制作的太湖石

（四）植物、点景的欣赏与制作

教师提问：太湖石造型制作完成了，要构成一个园林微景观，还可以加入什么呢？

教师出示园林微景观作品示例图片，引导学生欣赏后回答。

园林微景观作品示例

学生讨论回答，教师补充。

教师活动：播放提前录制好的植物和点景制作视频。

学生活动：观看制作视频后，小组分工合作，完成植物和点景的制作。

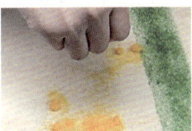

1.在平整的表面贴上双面胶。　2.草粉可能会有结块现象，用手捏散。　3.可用手直接将草粉平铺于双面胶上，抹平，压实。　4.将多余草粉倒出来，这样草地就做好了。

1.若是不平整的表面，可使用白乳胶涂抹。　2.将草粉均匀洒在白乳胶涂抹过的表面，这样就做好了。

微景观中模型草粉的使用方法

三、组合模型与作业展示

结合已做好的太湖石,添加、补充其他造园元素,制作一个以石头为主的园林微景观。完成后以小组为单位进行展示和介绍。

学生作品

教学反思

本课教学内容主要以讨论和分享的方式推进,教师要充分规划以调动学生在课堂中的主动思考和自主探究,尤其要注重学生总结和观察能力的提升。

这一课对学生的审美素养要求较高,教师在提问中要有明确指向性。例如,同学们在欣赏太湖石时通常会将其与自然界的某种事物进行比较,看它"像"还是"不像",但欣赏太湖石不能局限于其形,还应看其神。这样学生才能在欣赏嶙峋棱角、奇峭造型的同时,在太湖石中找到情感的寄托,也能进一步理解中国古典园林的意境之美。另外,实物教具(如不同形状、大小的太湖石)和材料要准备充分,这对学生作业的效果影响很大。

教学资源拓展

图书资源

刁慧琴.中国太湖石[M].上海:上海科学技术出版社,2008.

本书分为理论和藏石赏析两部分,理论部分着重介绍了太湖石文化的渊源与流传、形成及特征、鉴赏与品评、类型与石种、采运与收藏等。藏石赏析部分精选了近100幅太湖石图片,辅以赏析文字,帮助读者欣赏太湖石的自然美,体会其艺术感染力,从而加深对太湖石的了解。

方海.太湖石与正面体:园林中的艺术与科学[M].北京:中国电力出版社,2018.

此书从中国园林摄影的特殊图像和语意谈起,追溯其研究历程及图像沿革,进而质疑其造园意匠的传承模式,引领读者深度思考中国园林设计。作者从东西方园林的对比研究入手,以崭新的观察视角和犀利的批判眼光,探索了中国园林研究走向国际化的新途径。

视频资源

纪录片《园林》第七集《遥远的归处 苏州的太湖石》。

电视节目《国宝档案》20170405《北海奇趣录——太湖石里有乾坤》。

第四课　东园改造

教学设计解读

本课为"园林营造"核心素养单元的最后一课，是对前三节课所学知识与技能的综合应用，需要完成园林营造方案与模型的设计制作并召开"发布会"。理解古典园林的空间布局和营造方式是本课的重难点，学生能够在感知、体验、理解的基础上，完成创新创造，形成对中国传统园林艺术的深度理解。本课涉及制作，建议 2 课时完成。

教学目标

在东园改造任务的完成过程中，加深对园林艺术的综合理解并能创造性地应用，实现艺术综合素养与能力的提升。

知识与技能：进行园林改造与实践，并举办"发布会"。

过程与方法：通过赏析、比较、分享、实践，提高分析问题的能力和实践能力。

情感态度与价值观：能感知造园的匠心，理解中国古典园林的造园理念和文化内涵。

教学重难点

教学重点：中国古典园林的造园理念与应用。

教学难点：东园改造方案的构思与沙盘制作。

学习任务

小组合作完成东园改造方案，制作园林改造沙盘并召开"发布会"。

思维导图

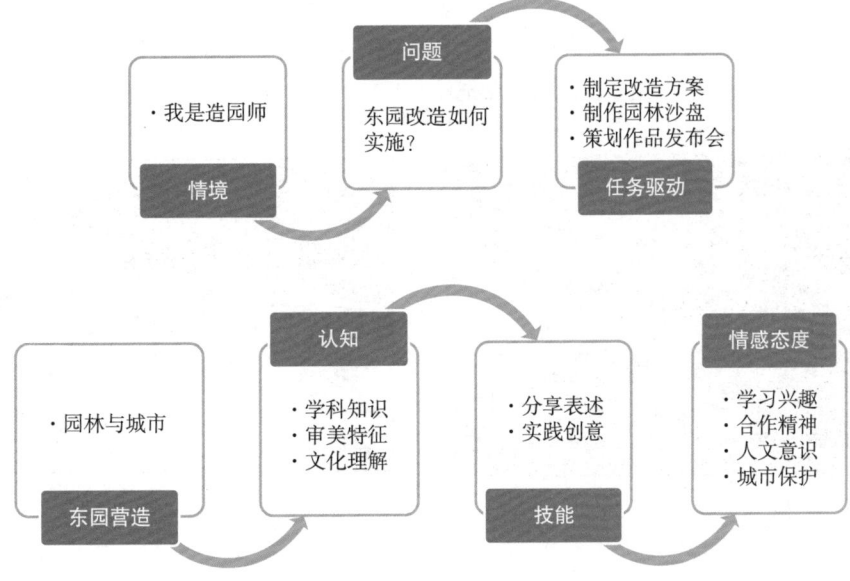

教学过程

一、问题导入

教师利用 PPT 课件出示两件沙盘成品模型,学生观看后教师提问。

沙盘成品模型 1

沙盘成品模型 2

问题一:这个园子里分别有什么?你觉得还可以加入什么? (建筑、山、树、水……还可以加入桥、船、围墙及花窗……)

设计意图:通过学生的回答引出构园元素。

问题二:它们都用了什么材料?你觉得还可以使用哪些材料? (泡沫板、纸板、彩纸……还能用饮料瓶、牙签……)

设计意图:通过学生的回答引出造园材料。

问题三:你认为建造一个园林有哪些流程?还要考虑哪些因素?

设计意图:引出造园步骤。

二、讲授新课

(一)了解拙政园的布局和特征

观看《中国苏州拙政园》的视频,了解拙政园的东、中、西三个园区。教师在 PPT 课件中分别呈现拙政园中山、水的布局图,了解园林中山与水之间的关系。

教师引导学生思考与讨论:拙政园的三部分特点有何不同?中园的构园设计有什么特点?东、西园中水的形态特点是什么?山石置入的特点是什么?

《中国苏州拙政园》视频截图

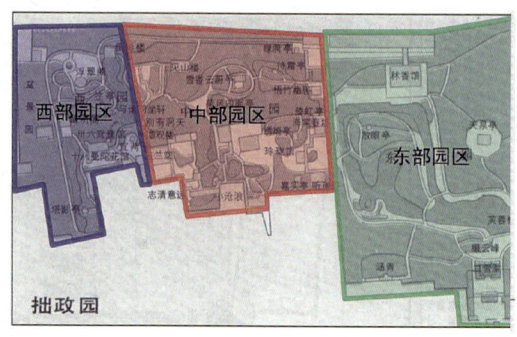

拙政园布局图

引导学生观察拙政园的空间示意图（图片来自刘惠锋《江南私家园林空间量化分析》），思考并讨论拙政园中建筑布局的特点，总结分析园林中建筑与山、水之间的关系。

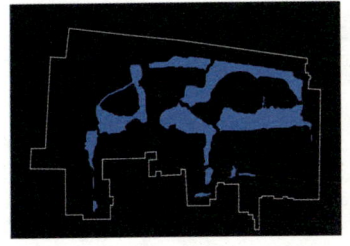 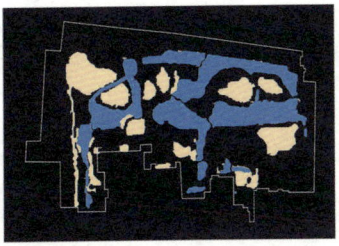 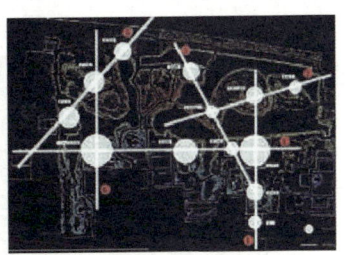

拙政园的水态　　　　　　拙政园的山与水的关系　　　　　　拙政园的建筑布局

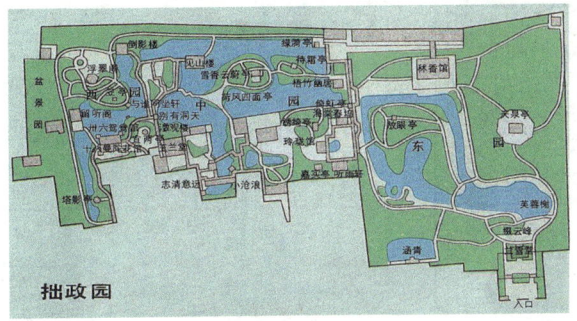

拙政园导览图

（二）营造"理想的园林"

1. 教师出示本课学习任务：运用综合材料，营造"理想的园林"，制作出东园改造方案的沙盘，设计"发布会"，展示方案并布展。

2. 了解东园游览路线：入口→兰雪堂→芙蓉榭→天泉亭→放眼亭→秋香馆，为园林营造提供路线参考。

观察与思考：秋香馆作为东园的主体建筑，有什么样的特点及用意？

东园一隅　　　　　　　　　　东园考察记录

3. 教师引导学生回忆前面几课对园林中各要素的分析，结合实地考察东园时搜集的资料，对各自心中的园林景观展开想象。

4. 依据教学情境，教师将学生分为两个项目小组，完成"古园新造——理想中的园林"任务单，小组内分工合作完成草图的绘制、竞标方案的交流及园林沙盘的制作，将"理想的园林"方案落实。

"古园新造——理想中的园林"任务单

作品名称		组长	
组员			
材料			
草图			
创作描述及心得（创意、问题、经验等）			

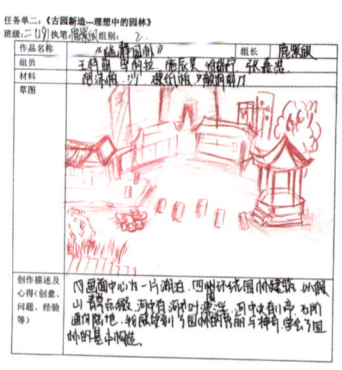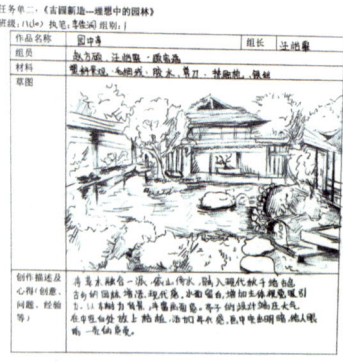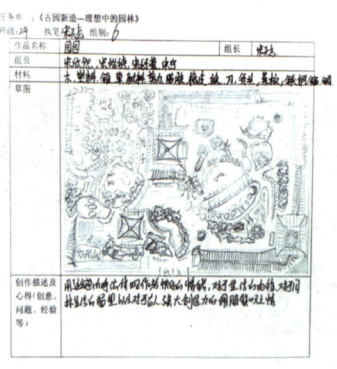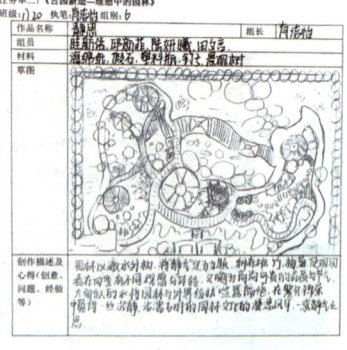

学生完成的"古园新造——理想中的园林"任务单

（三）"理想的园林"沙盘制作

1. 准备材料和工具

底盘、草皮、园林建筑模型、山石模型、各种地物模型、颜料、剪贴工具等。

2. 沙盘模型制作前的设计构思

① 比例和尺度的设计构思，② 形体的设计构思，③ 材料的选择构思，④ 色彩与表面处理的构思。

3. 制作步骤

① 按比例将草图转移至底盘；② 铺设地貌；③ 布置主景；④ 点缀次景、地表植物；⑤ 上色；⑥ 铺洒草粉；⑦ 调整完成。

（四）举办"发布会"

以"竞标"的形式进行园林沙盘作品发布会布展和展示。

仍然以两组为单位撰写竞标方案任务书，选代表进行"竞标"演讲。

"竞标"现场

竞标方案任务书

作品名称	
参与成员	
设计思路（原理、设计过程）	
作品特色（造型、空间、技术等）	
作品内涵	

（五）教师点评并进行课堂小结

教师从沙盘作品的完成度、造型美观度、材料选择、分工合理性、理念表达、改进措施等方面进行评价和小结。

教师总结：在工业化高度发达、城市问题日益凸显的今天，园林艺术不仅仅是物质的园林，更是人们精神的家园，它象征着人与自然的和谐、人与自我的和谐。希望大家在以后的日常生活中，能够以中国园林中蕴藏的智慧重新审视我们赖以生存的家园，改进生活，享受人生。

课后反思

"东园营造"作为"园林营造"核心素养单元活动中的第四课，重点是通过对拙政园的分析，了解中国古典园林的空间布局，感受中国古典园林的建筑特色。作业以东园改造方案设计的方式帮助学生内化造园活动要求，小组合作制作对提升学生团队合作意识亦有很大帮助。在实际教学中，学生对制作园林沙盘很感兴趣，教师需要在园林沙盘制作的材料准备上多下功夫，种类丰富，实用、充足的材料才能让学生有选择的余地，也能呈现出各具特色的教学成果。

教学资源拓展

图书资源

刘敦桢. 苏州古典园林：修订本［M］. 北京：中国建筑工业出版社，2005.

本书介绍了苏州园林的布局、蕴含的思想文化、建筑特征、艺术手法等，为读者全方位展现了苏州古典园林的独特魅力。

刘先觉，潘谷西.江南园林图录［M］.南京：东南大学出版社，2007.

本书是在测绘图的基础上加工整理，并配有现状照片与文字说明的一本古典园林图集，主要展示了江南园林中的庭院特色与景观建筑的各种类型，重现了"庭院深深深几许"的诗情画意，可以使读者充分领悟江南古典园林的空间变化与造景手法。

苏州园林设计院.苏州园林：中英文对照［M］.北京：中国建筑工业出版社，1999.

本书有重点地选择了苏州园林的发展文脉、景观塑造、意境创作、空间经营和造园思想等方面的内容，阐述、总结了苏州园林艺术的基本特征和规律。

视频资源

纪录片《中国苏州拙政园》。

4 单元小结

园林是人类的宝贵遗产，历史悠久、内涵丰富。苏州园林数量众多，在海内外有着巨大的影响力，这为本单元的教学提供了得天独厚的优势，给师生的教与学提供了丰富的素材选择。

本单元的教学内容依据单元大观念，设置问题情境和任务驱动，分为"我是小导游""园林探幽""山石庭院""东园营造"四课展开，各课围绕单元总任务进行综合设计，使学生从感受、体验、理解、创造的不同层次逐步深入，达成深度学习的效果。在分课任务设计上，学生能从听、看、议、绘、调查、制作、发布等一系列任务中体悟中国古典园林之美。

园林的知识丰富、体系复杂、底蕴深厚。教师在设计和改进园林课时，需梳理出较为清晰的教学主线，围绕大观念和单元任务进行设计，防止出现内容过于庞杂而偏离教学目标的问题，要从园林之外深入到园林内核，化繁为简，深入浅出，帮助学生充分认识、感受园林的文化内涵，继承并发扬园林的智慧，并服务于今天的生活。

5 跨学科分析与展望

单元课	跨学科	教学内容设置
第一课 我是小导游	美术	从艺术的视觉角度去赏析园林的形式美及文化内涵。
	历史	从历史的角度，讲解园林发展及其历史背景。
第二课 园林探幽	语文	从文学、书法角度赏析园林中的诗词匾额。
	地理	从营造的角度，感受园林相地立基对地理环境的理解与灵活运用。
第三课 山石庭院	美术	了解中国古典园林的置石原则，借助以纸、超轻黏土为主的综合材料，进行部分园林元素、部件模型的制作。
	生物	通过对园林中植物生长特性与规律的了解，理解园林营造中植物的种植与应用。
第四课 东园改造	劳技	传统手工艺术与创新科技结合：新材料、新装置、新的创作手法、沙盘制作。
	历史	拙政园东园、中园、西园发展成因。

缥缃流彩

设计：徐军、杨木易、许佳雯、陈一可　　实施：徐军、姚天骄、许佳雯、姚习羽　　执教：徐军

中国书籍装帧的历史悠久、厚重且异彩纷呈。"书"作为文字的载体，人们在追求其实用性的同时，也从未忽视过其审美的重要性。无论是书籍的整体形态，还是其细节的处理，都充分展现了中华文化的独特精神。生活中诸如"汗牛充栋""卷帙浩繁""缥缃流彩"等许多成语也都与书有着关联。在书籍装帧中，我们能感受到芙蓉出水般的空灵之美，也能管窥到错彩镂金的繁复之美。

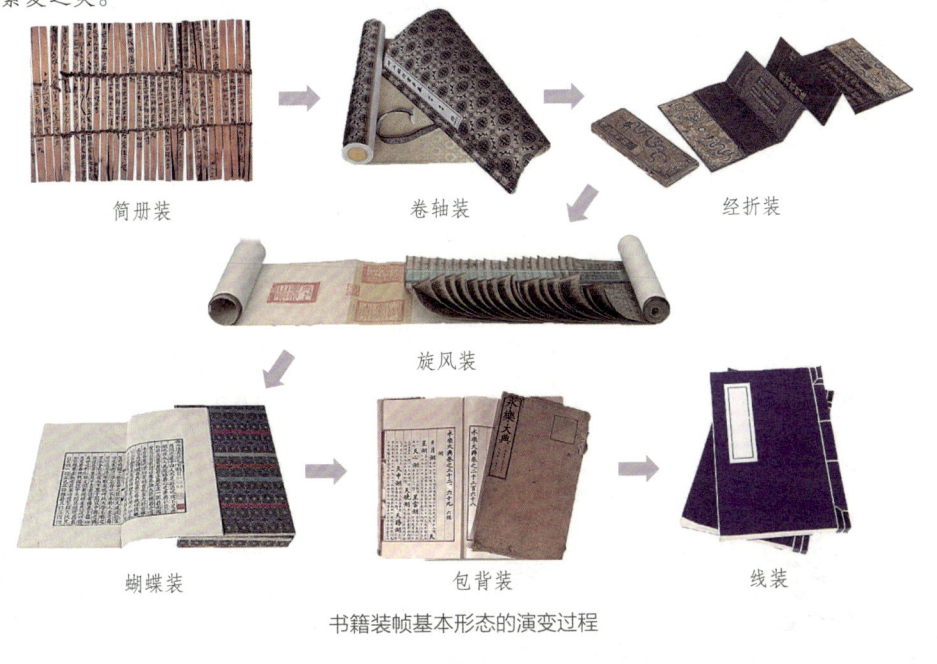

书籍装帧基本形态的演变过程

1 单元概述

单元设计说明

书是人类文明的伟大标志,也是我们非常熟悉的事物,中国古代书籍文化有着悠久的历史,至今仍焕发着无穷的魅力。学习传统是为了更好地传承,传承与创新东方书卷具有的独特语境是中国书籍艺术的发展之路。本单元的授课对象为七至九年级学生。第一课(守正)着重解读中国书籍载体的形成和发展,并对书籍设计所呈现的面貌进行分析。第二课(创新)是在习得相关书籍设计知识后,能够理解中华优秀传统文化对于书籍装帧的作用,并掌握欣赏"最美的书"的角度和方法。

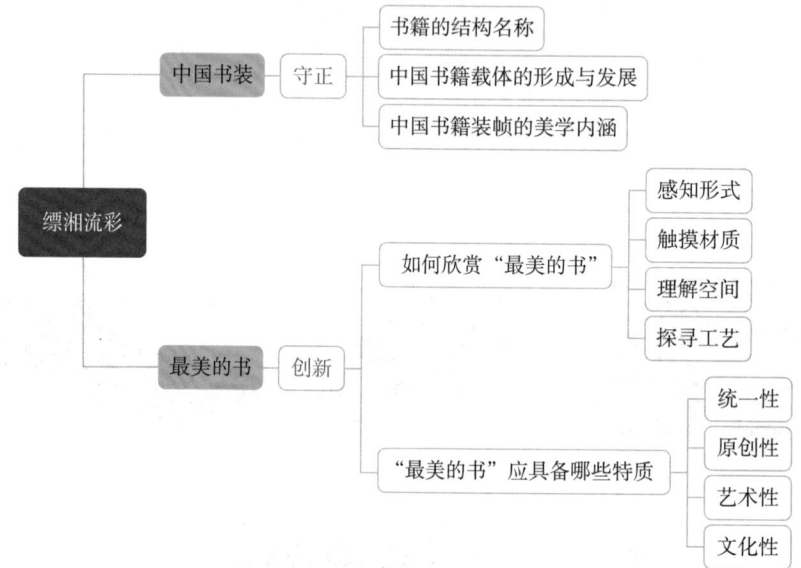

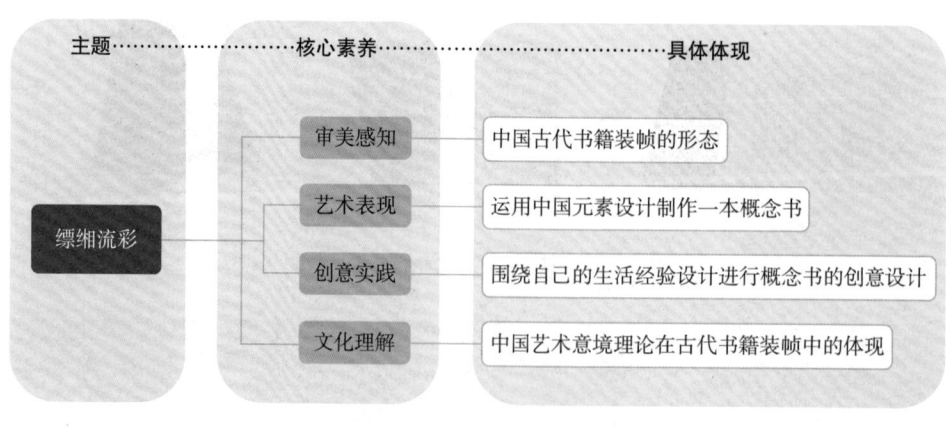

2 单元设计

单元大观念	书籍设计是整体性、艺术性和实用性的统一,受到技术和文化的影响。
问题情境	某同学在搜集书籍设计相关资料时,在一本杂志上看到了"世界最美的书"在德国莱比锡揭晓的资讯,于是对"世界最美的书"产生了好奇心和探索兴趣。他发现有的"世界最美的书"设计很奇特,有的设计很美但却没几个字,便产生了疑问:书籍设计,美的标准是什么?
基本问题	1. 中国古代书籍装帧的设计理念是什么? 2. 如何理解书籍设计的整体形态观? 3. 如何在书籍设计中吸收和融入中华优秀传统文化?
任务驱动	完成"我的概念书"设计创意构思。
单元教学目标	1. 以史为线,了解中国古代书籍形态的变迁。 2. 了解书籍装帧技法及其审美意蕴。 3. 知道"最美的书"的评判标准和审美取向,培养书籍审美鉴赏能力。 4. 理解中华优秀传统文化对"中国最美的书"设计的影响,加深对书文化及传统文化的理解,认识对资料进行管理的意义。 5. 能用所学的书籍设计知识,完成书籍设计的创意构思。

3 单课内容设计

课时安排	第一课	第二课
单课名称	中国书装	最美的书
任务驱动	绘制一份古代书籍形态演变图。	创意构思设计一本概念书,内容可以是自己的所思所感、旅行足迹、乡土情怀、随手涂鸦等。
关键词	书籍装帧结构 书籍装帧演变	"最美的书"
学习活动设计	通过页面的折叠方式感受不同的装帧变化,探寻线装书装订线的不同样式。	通过触摸对比,感受"最美的书"蕴含的中国文化元素。
教学内容	1. 了解书的各部分结构。 2. 欣赏书籍形态演变的历史以及书籍设计的美学内涵。 3. 展示教师自制的概念书,激发学生的创造性思维。	1. 什么是"最美的书"。 2. 如何欣赏"最美的书"。 3. "最美的书"的评判标准有哪些。
知识点	·书籍的结构名称 ·书籍的演变历史 ·书籍的美学内涵	·欣赏"最美的书" ·"最美的书"应具备哪些特质
材料准备 教师	PPT课件、实物投影仪、各类书籍、师生作品、教师自己构思的概念书等。	PPT课件、实物投影仪、各类书籍、师生作品、教师自己构思的概念书等。
材料准备 学生	水粉颜料、笔、剪刀、胶水、色纸、学生自己构思的概念书等。	水粉颜料、笔、剪刀、胶水、色纸、学生自己构思的概念书等。
学习形式	教师引导展示各式各样的书籍,从而激发学生合作探讨的积极性,培养学生动手实践的能力。	
评价方式	本单元学习评价围绕美术学科核心素养,对学生的课堂表现及作业完成质量,采取过程性评价和形成性评价相结合的方式,关注学生在特定主题上的深入研究,评估学生的研究能力。	

第一课　中国书装

教学设计解读

本课立足中国书籍装帧形态变迁，关注每一种装帧形态的时代性、实用性和审美性。引导学生从熟悉的生活现象入手，通过图像识读，学生能认识中国书籍设计的独特气质和审美意蕴。注重创新意识的养成，通过文化理解，让学生看到设计的发展方向，进而提高对书籍设计多元化的认知和理解。

教学目标

知识与技能：以史为线，了解中国古代书籍装帧形态的变迁，引发学生对于书籍装帧形态的思考。

过程与方法：通过图片和实物领会书籍的结构元素，了解书籍设计的方式，培养动手实践能力和创造性思维能力。

情感态度与价值观：通过学习中国书籍装帧形态的演变，更好地理解古今书籍的审美特质与设计意图，形成自己的设计理念。

教学重难点

教学重点：书籍设计的美感因素分析和形式探讨。

教学难点：回归美术语言，提炼并理解书的文化内涵。

本课作业

将学到的书籍装帧设计的知识运用到自己设计的概念书中。

思维导图

中国书装	情境创设	以对欣赏"世界最美的书"产生的疑惑导入；或从生活中最常见的词语当中指向书文化，揭示熟悉中的"陌生"。
	问题导引	同学们能够说说我们眼前这本书的结构吗？
	任务驱动	突破原有形态设计一本概念书或整理册。

课前知识窗：书籍基本形态
---

1. 简册装，是指用竹、木简记载文字并按顺序排列后用绳连缀的早期装帧形式，可以卷起存放。
2. 卷轴装，一种古老的装帧形式，特点是长篇文字可以卷起来后保存，比如隋唐时期的经卷。
3. 经折装，是在卷轴装的形式上发展而来的，特点是一反一正折叠的样式，方便翻阅。
4. 旋风装，是在经折装的基础上改进而来的，特点是像贴瓦片那样叠加纸张，也需要卷起来存放。
5. 蝴蝶装，是将书籍页面对折后粘贴在一起，翻开时像蝴蝶的翅膀一样，不用线装订却很牢固。
6. 包背装，与蝴蝶装的主要区别是对折页的文字面朝外，将所有折好的书页叠在一起用纸捻穿起来，再用一张稍大于书页的纸贴书背，从封面包到书脊和封底。
7. 线装，不用像包背装那样用整纸裹书，而是分为封面和封底，不包书脊，用刀将上下及书脊切齐，打孔穿线，订成一册。

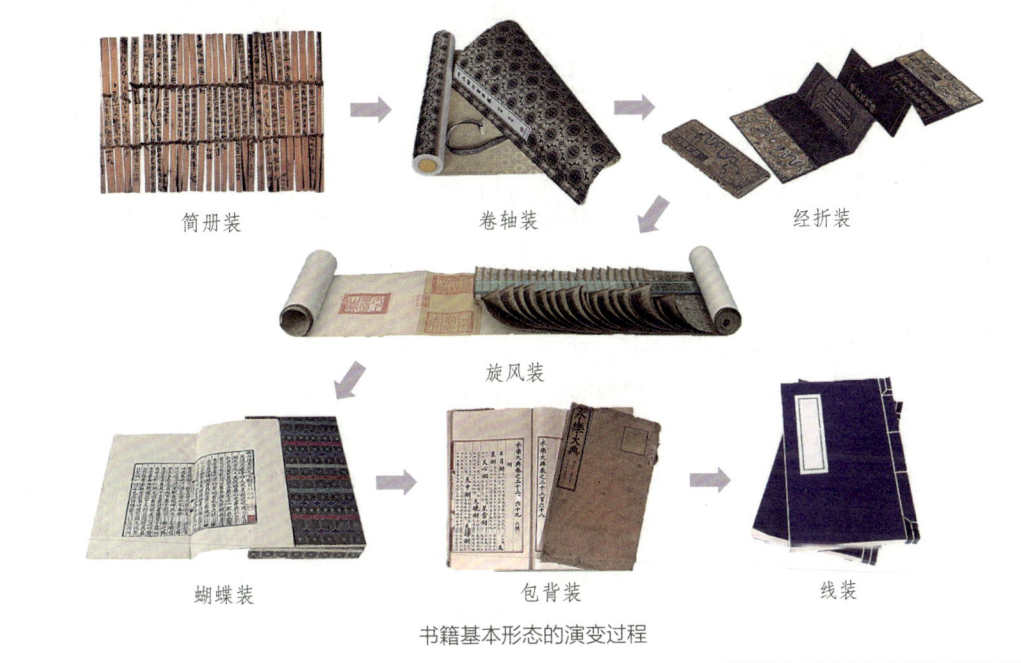

书籍基本形态的演变过程

教学过程

一、新课导入

教师：某同学在搜集书籍设计相关资料时，在一本杂志上看到了"世界最美的书"在德国莱比锡揭晓的资讯，于是对"世界最美的书"产生了好奇心和探索兴趣。他发现有的"世界最美的书"设计很奇特。我们也来一起看看奇特在哪里吧！

通过展示2018年"世界最美的书"，学生会发现，有的"世界最美的书"设计很奇怪，有的设计很美却没几个字，有的设计甚至谈不上"美"，从而激发起学生好奇心和探索兴趣，进而引发其产生疑问：书籍设计的标准是什么？

教师引导：作为初中生，我们能够进行书籍设计的创意吗？要想获得有意义的探索，就要做好充分的准备，首先让我们一起了解书籍设计的文化与历史。

二、新课讲解

（一）书的初探——形态特征

教师以设问方式引导学生对书的结构进行准确描述，结合PPT课件通过实物逐一展示书的各部分结构，着重讲解学生较为模糊的扉页、书口、书脊等。

设计意图：书在学生学习生活中扮演着重要的角色，调动学生的生活经验，以引导的方式激发学生主动思考。

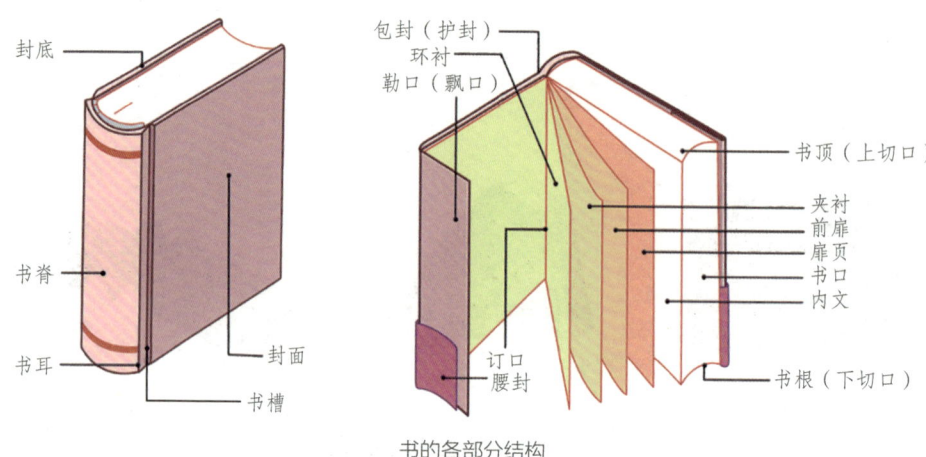

书的各部分结构

（二）书的溯源——古代书籍的基本形态

教师提问：我们刚刚探究了现代书籍的形态结构，那么中国古代的书籍也是这样的吗？下面让我们一起穿越时空隧道，去看看中国古代书籍的结构和形式。

教师带领学生在历史的长河中挖掘书籍的源头，学生回答：竹简、龟甲、线装书……

教师结合PPT课件呈现古代书籍图片并展示实物书籍教具，向学生讲解中国古代书籍的发展沿革。

① 简册装，教师通过举例，对简册装的缺陷及其被取代的必然性进行阐释。

② 卷轴装，虽轻便但翻检不便，是一种极具中国特色的书籍形态，后来虽出现新的装帧形式，但卷轴装在后世仍有使用。

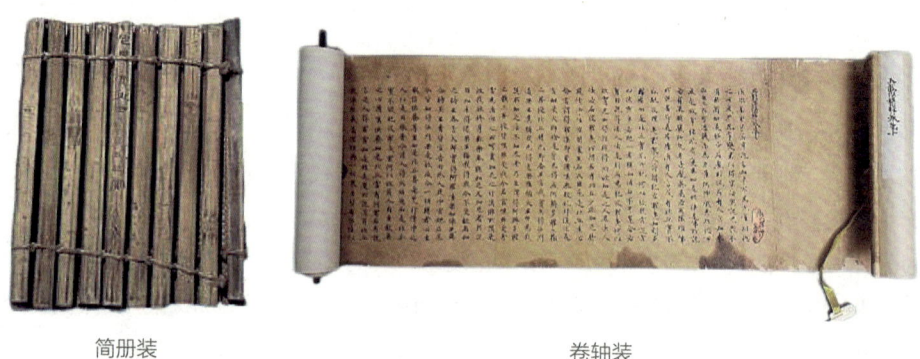

简册装　　　　　　　　卷轴装

③ 经折装，多用于佛经的装帧，反复正反折叠成页，缺点是折缝容易断裂。教师在课堂中展示一本经折装书《中国历史年表》，据此向学生具体说明。

④ 旋风装，教师用复制品来讲解并演示在唐代流行的这一装帧形式，书页按照顺序错开粘贴在卷轴里的，翻过时如旋风疾转。

经折装

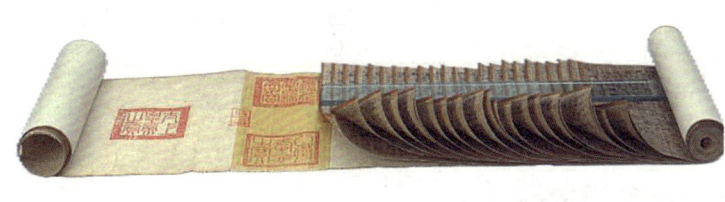
旋风装

（三）书的韵味——美学特征探秘

1. 古代书籍设计的美学意蕴

教师提问：上述四种书籍形态中的文字是以什么形式呈现的？（学生回答：书写。）教师板书"书写时代"，并引入下一知识点。

教师提问：中华文明难道都是通过人力书写而传承延续的吗？（学生回答：不是。）

教师补充：有一个时代要到来，是什么时代呢？（学生：印刷时代。）

教师：好，让我们去迎接这个崭新的时代。（PPT课件演示：一块镌刻着密密麻麻文字的红色雕版自右向左缓缓出现，三声厚重的鼓声打破寂静，让古老文明透过历史的尘霾涌向观者的视野。）

教师导言：一缕阳光，一块雕版，给了我们什么样的感受？这就是雕版时代的到来。刚才我们听到的音乐似乎是历史的遥远回响，给了我们心灵上的震撼。几年前我在一个博物馆里看到了几十万片的雕版，我心中产生了无限的崇敬。为什么？因为太不容易了，古代劳动人民艰辛的步履在这一块块雕版上得到了充分的体现。

教师出示雕版，让学生近距离感知雕版的魅力，领略版面之美，指引学生认识版心、鱼尾、天头、地脚，突出古人在讲究实用的基础上对审美的关注，为接下来学习蝴蝶装做铺垫。

① 蝴蝶装，雕版印刷是单面印刷，我国古代书籍的装订方式都要适应这一特点。折叠方向是蝴蝶装和包背装的关键区别，有文字的一面对折是蝴蝶装，无字的一面对折是包背装。蝴蝶装开创了书籍册页装的历史，又开创了近似黄金分割的矩形开本形式。

② 包背装的折页方式与蝴蝶装不同，前者版心文字向外折叠，改变了蝴蝶装翻阅时会出现空白页的缺点。教师拿出一本包背装的《四库全书》与蝴蝶装做比较，让学生感受版面的视觉效果。

雕版

蝴蝶装

包背装

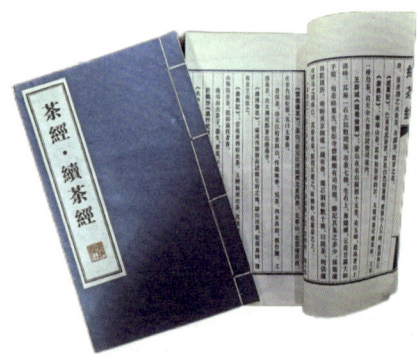

线装

三角形书

教师引导学生感受蝴蝶装的文字布局特点，并提问：这大面积的空白给你一种什么感受？（学生回答：有点浪费。）

教师首先认可学生的观点，其次从对立统一和天人合一等角度阐述蝴蝶装的美学意义，再将蝴蝶装和包背装对照进行审视。学生感受到蝴蝶装通版的疏朗精致，理解蝴蝶装的缺点，进而探究包背装的代表——《四库全书》中四种色彩指向的四个季节：经、史、子、集——绿、红、蓝、灰——春、夏、秋、冬。《四库全书》数量巨大，有36 000多册，指出进行色彩分类的必要性。

③ 线装，线装是中国古代最后一种书籍形态，引导学生对线装书从功能到审美的认识，探究装订线的等距式、不等距式、花角式的美的特质。

教师总结：中国古代书籍中的文字是从右往左竖向排列的，这有何意义呢？（教师以调侃的语气辅以身体动态解释古代的书为何容易成为经典，是因为人在看书时上下移动视线，边看边点头，表明一直是在认同。今天的书就"不行"，人在看书时左右移动视线，边看边摇头，一直在"否定"。活跃课堂气氛的同时点明特点。）

设计意图：引导学生感知延绵数千年生生不息的中国书籍文化的历时性演变，有效把握书籍的发展脉络、版式结构，让学生领会书籍审美性与实用性的结合，激发学生自己动手制作手工书的兴趣。

2. 现代书籍设计的美学意蕴

教师：从古代书籍世界遨游回来后，让我们再来看看现代图书，今天的书对古代书的形式元素进行了继承，同时又与时代特征结合进行了更好的创新。

教师展示充满创意的书籍：三角形书、圆形书（感受书的形状的突破），《用镜头亲吻西藏》（感受空间的切挖），《梅兰芳全传》（感受书口表情的转换），《开心游北京》（感受书具有的地图、指南针、笔记本等多功能）。

教师引导学生分析书籍设计中传递出的人文关怀，并总结：任何一个设计师，他的设计若离开了对人类和生活的关注都不会是优秀的。

教师总结：我们今天体会了数千年的图书变迁，又领略了如今图书极具个性的一面，那么这些到底跟我们自己有没有关系呢？

（四）书的升华——概念书的设计制作

PPT课件展示图片：学生书桌上杂乱堆放的书籍和讲义，教师导出以上几个板块的学习内容，联系起跟学生的学习生活，揭示出学生也可以为自己设计书和整理册。

教师出示自己设计的概念书《卖火柴的小女孩》《行走敦煌》、杂志整理册。展示学生制作的书：《动漫作品集》（经折装）、《韵》（线装）、《备忘录》（圆形）。

教师总结：每个辉煌的人类文明都会在历史上留下它的印痕，中国书籍文化博大精深，传统与时代感的巧妙融合幻化出奇思妙想，我相信同学们的创造力已经被大大激活，学以致用，我们现在就开始吧！

教师发放学习单，学生根据学习单选择要完成的项目，可以是个人也可以是小组合作。学习单中设有推荐阅读，可查看网站中的相关主题。

教师鼓励学生根据构思画出书籍设计样式及装订形式，可以适当添加文字辅助介绍自己的书籍设计理念和基本内容，再试着从书籍装帧设计师的角度画出书籍装帧设计方案。

设计意图：激发学生创造力，探索制作创意书的可能性，在活动中培养团结协作精神，将审美意识、规划能力运用到行动中。

圆形书

《用镜头亲吻西藏》

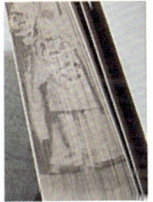

《梅兰芳全传》

教师设计的概念书

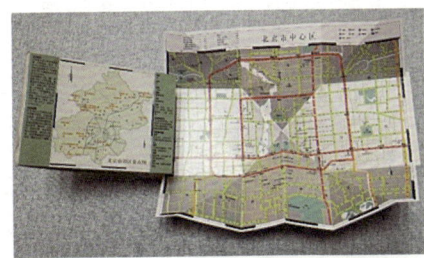

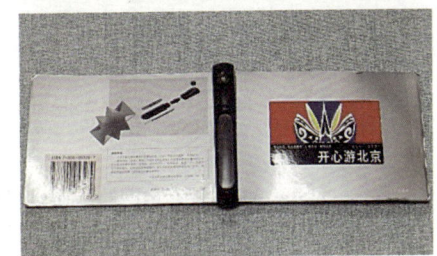

《开心游北京》

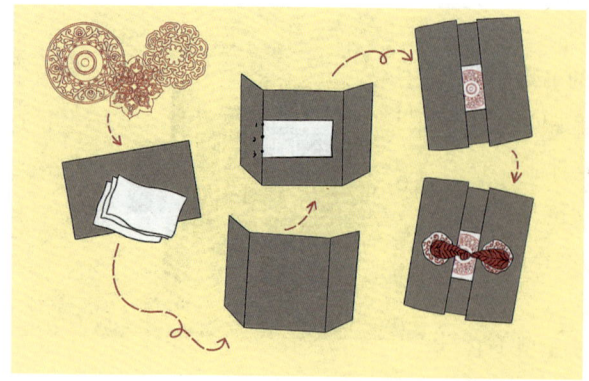 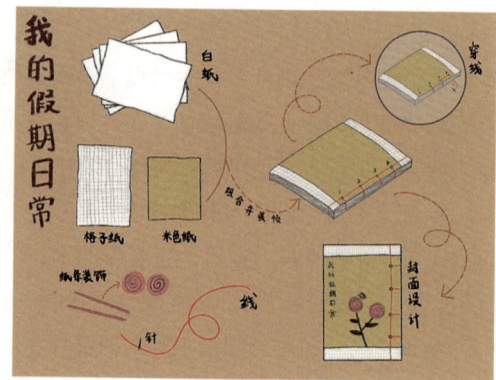

学生的概念书设计草图

书籍设计学习单

活动说明	"缥缃流彩"课题设置 1 个学习单元，共 2 个课时，主要学习目标： 1. 以史为线，了解中国古代书籍形态的变迁。 2. 了解书籍装帧技法及其审美意蕴。 3. 知道"最美的书"的评判标准和审美取向，培养书籍审美鉴赏能力。 4. 理解中华优秀传统文化对"中国最美的书"设计的影响，加深对书文化及传统文化的理解。 5. 能用所学的书籍设计知识，完成书籍设计的创意构思。	
班级		小组名称		小组长	
小组成员					
小组分工	1. 整体协调	
	2. 资料搜集	
	3. 封面插图	
	4. 装订材料	
	5. 目录索引	

1. 计划中所要确定的书的内容（诗歌、名言、小绘本、读书笔记、动漫、生活图册、乡土情怀等）。

2. 计划中所要呈现的书的外部形态。

3. 计划中所要选取的制作书的材料。

4. 编制书的目录索引。

推荐阅读	中国国家博物馆、扬州中国雕版印刷博物馆官方网站。 网络搜索"中国书史展"。 了解杭州文澜阁、宁波天一阁、湖州南浔嘉业堂藏书楼、丽宋楼。

教学反思

1. 关注地方文化

浙江作为文化大省，有着非常深厚的文化积淀。中国古代图书印刷出版业极为发达，而浙江就占了其中的半壁江山，在宋代，就有"天下印书，以杭州为上"的美誉。南宋时期，临安云集了全国一流的刻版高手，使得当地的图书出版业达到巅峰，印制质量更是空前绝后。此外，浙江的藏书业也非常发达，现存的七部《四库全书》中有一部就曾收藏在杭州的文澜阁（现藏浙江图书馆）。浙江民间的藏书之风十分盛行，宁波的天一阁、湖州的嘉业堂和皕宋楼都曾经珍藏过大量古籍善本。从挖掘地域文化来讲，这节课还是很有意义和必要的。

2. 预设与生成的把握

书籍装帧知识点很多，难以在一节课中解决更多的认知目标。我对许多内容进行了删节，比如装帧形式中函套的美感、版面的结构、雕版中的套色、金镶玉装帧等。最遗憾的是，我在赛课时忘记将泥活字、木活字、瓷活字、铜活字、锡活字在课堂上展现出来。中国金属活字印刷最活跃的时期是明朝，其中最早、规模最大的是无锡的华燧和安国两家，特别是安国的铜活字印本深受历代藏书家珍视。

3. 功能与审美的考量

宋元时期，蝴蝶装的大量空白主要是为了保护版心，至于用来作批注的功能，我个人认为，将其当作结果而不是目的比较妥当。宋元版本的书在明清时就已经凤毛麟角，是无价之宝，大量的宋元刊本空白处很少有批注的痕迹。我觉得教师上课时，碰到类似结论尚不够确切的问题要谨慎对待。

教学资源拓展

拓展阅读

邓中和.书籍装帧创意设计[M].北京：中国青年出版社，2004.

作者邓中和曾任中国美术家协会插图装帧艺术委员副主任，致力于图书装帧领域的研究。这本书围绕书籍装帧的艺术形态、版式设计、文化内涵等方面进行了深入浅出的解读，为读者提供理解书籍装帧设计的独特视角。

[日]原研哉.设计中的设计：全本[M].纪江红，译.桂林：广西师范大学出版社，2010.

本书是日本著名设计师原研哉的著作，他在书中分享了自己的设计思考和实践经验，提出了"再设计"的概念和对未来设计发展的前瞻性思考，并穿插有大量设计案例。在他看来，设计是多维度的，不仅限于技术和美学层面，应该更广泛地关注到人的生活方式和生活观念，从而创造出有意义的设计。

第二课　最美的书

教学设计解读

本课是对教材中"爱书、藏书"及"暑假生活记录册"等内容进行的扩充，也是对上一课的延续，主要对获得"世界最美的书"的中国图书进行展示和解读，让学生感受获"世界最美的书"荣誉的图书形态、材质和设计理念，开阔学生的视野，点燃学生的想象力和创造力。

教学目标

知识与技能：学生能够从书的形态、结构、材质、内容等角度独立欣赏"最美的书"。

过程与方法：感知形式→触摸材质→理解空间→探寻工艺。

情感态度与价值观：能够感受"最美的书"是如何将中国元素进行合理传承的。

教学重难点

教学重点：感受"最美的书"的整体形态与评价尺度。

教学难点："最美的书"是如何对传统文化进行合理吸收与改造的。

学习任务

在学习过程中根据自己的感受和理解鉴赏一本"最美的书"，设计制作一本体现中国元素的概念书。

思维导图

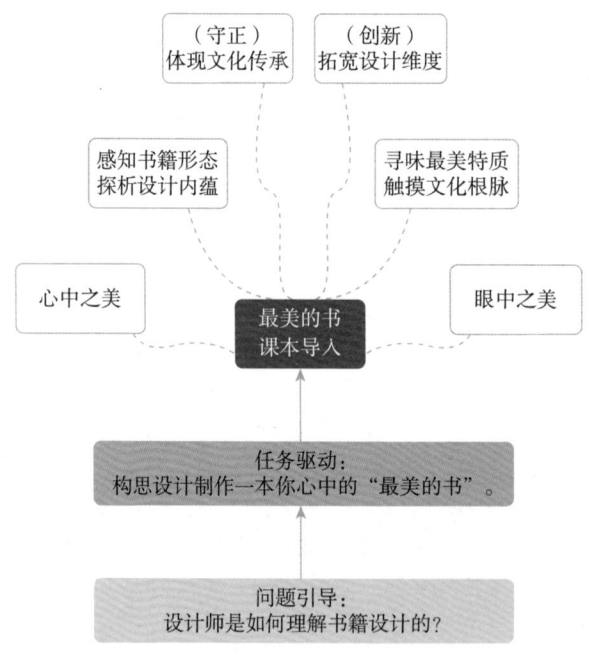

课前知识窗："最美的书"

德国小镇莱比锡是大型跨国书展的举办地，被誉为"全球出版行业的风向标"，每年书籍设计界的奥斯卡——"世界最美的书"奖的评选结果都会在这里公布。

无论你是否为爱书之人，可能都会忍不住要问：书籍设计，美的标准是什么？曾担任12年"世界最美的书"评委会主席的乌塔·施耐德给出了这样的回答：书籍设计不只是封面好看，而是整体概念的完整；一本好书不仅在于设计的新颖，更在于书的内容编排与整体关系的贴切，并能让人十分清晰地读到内容；好的设计，从功能性的翻阅感受到内容的诗意表达，均有完整的思考。

2003年起，我国第一次举办"中国最美的书"评选，获奖作品将代表中国图书走进莱比锡，与来自世界各地的图书共同角逐"世界最美的书"。"中国最美的书"评审标准包括：书籍设计的整体性，书籍内容与形式的完美结合，书籍设计对于图书本身功能的提升，设计风格与适宜手感的和谐统一，以及作为设计重要元素的技术手段的运用等。

到2024年，"中国最美的书"评选活动已成功举办了20届，共有471种设计作品入选，其中有23种获得了"世界最美的书"称号。"最美的书"已经成为中国文化界的知名品牌，是中国优秀图书设计走向世界的重要平台，反映了当今中国书籍设计的面貌和水平，也体现了中国的书籍设计者在与国际设计界的联系和交流的过程中，不断创新、探索的精神和取得的进步。

"世界最美的书"评选中获奖的部分中国图书

教学过程

一、新课导入

教师拿起本班学生的课本进行导入，并提出具体问题：这样的课本设计形式会诱发你学习的冲动吗？

教师把自己带来的形式丰富的图书呈现给学生，提问：与课本相比，老师的这些书有哪些不同？

学生观察并发言。

教师继续拿起一些书进行展示，并适时提问学生：你们有什么新的发现？

学生进行热烈讨论，发现这些书与平时的课本在设计上有很大不同。

教师：各种丰富多彩的图书令人目不暇接，让人感到新奇又有趣，我们今天就来聊聊书的话题。

二、新课讲解

（一）初阶——什么是"最美的书"？

教师提问：书——美的书——最美的书，三者之间到底有多远，在你们心中，最美的书是怎样的？

学生举手回答问题，说出自己心中最美的书。

思考与讨论：设置"小组讨论"环节，小组成员讨论"最美的书"应当具备哪些要素。

教师：让我们从想象的空间走出来，去领略一下自2003年开始我们中国参加"世界最美的书"评选以来获得世界大奖的作品。请同学们看大屏幕。（有理由确信在比较大的对比下，学生一定能碰撞出很多想法。教师倾听学生的讲述。）

（二）进阶——"最美的书"欣赏与分析

教师按时间顺序呈现中国获得"世界最美的书"奖的获奖作品，着重解读其中的《不裁》《学而不厌》《虫子书》，让学生领略繁与简的关系，尤其是书装设计中空白的意义与价值。

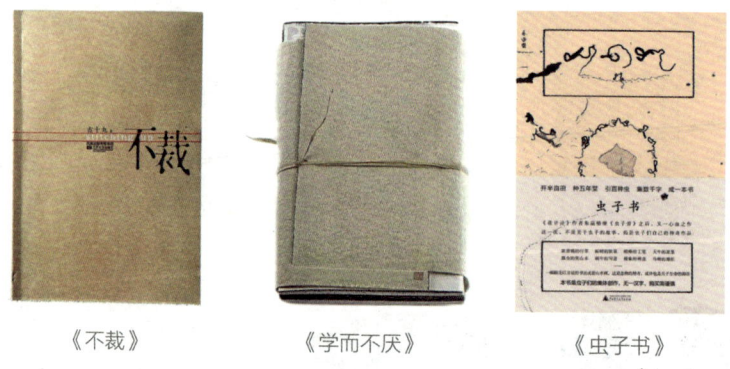

《不裁》　　　　　《学而不厌》　　　　　《虫子书》

欣赏《观照》《芥子园画谱》《乡村与木刻》，让学生感受书籍封面的组成要素，理解设计师的设计意图。

《观照》　　　　　《芥子园画谱》　　　　　《乡村与木刻》

教师总结：书籍封面是书籍装帧设计的重点，设计师可以通过放大或缩小文字字号、选择紧扣主题的图案，以及精心营造颜色的对比关系，以凸显书籍的核心主题。一个卓越的书籍设计作品，不仅要求设计师对文字、图案、色彩等元素进行精细的编排，还需要把握布局的艺术，每种布局的方式都能向读者传递出别样的视觉体验与情感共鸣。

教师设置前置问题：中国文化源远流长，如果让你设计一本书来介绍中国文化，你会怎样设计？（学生思考、讨论，师生互动）

教师呈现图书教具《梅兰芳藏戏曲史料图画集》，此书于2003年首次参加"世界最美的书"评选，并获得全场唯一金奖。让学生寻找书中的特点和中国元素。

学生分小组讨论，从书籍函套设计、封面设计、版面设计的不同维度来欣赏"世界最美的书"。

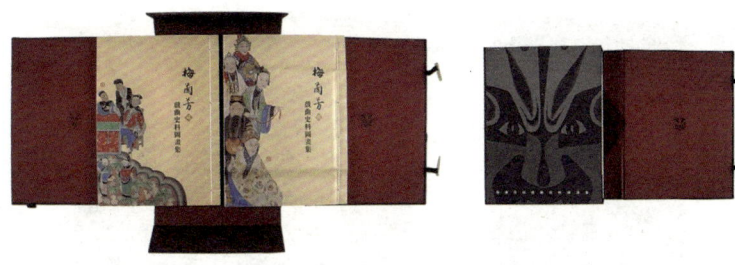

《梅兰芳藏戏曲史料图画集》

教师通过PPT课件展示《中国记忆——五千年文明瑰宝》的相关知识。让学生体会其中的中国元素。

教师PPT课件呈现《怀袖雅物——苏州折扇》一书，该书为折扇文化的集成巨著，引导学生探析这本书所包含的中国书装的形式。

> **知识窗：《中国记忆——五千年文明瑰宝》**
>
> 《中国记忆——五千年文明瑰宝》曾获2009年度"世界最美的书"奖，还是2008年北京奥运会的奥运国礼之一。该书集中展示了全国26个省（市）55座博物馆的169件文物精品。每件文物瑰宝都是一段历史的见证。从刀耕火种的原始时代，到国家的建立；从秦皇汉武的文治武功，到清代"康雍乾"盛世；从华美精细的装饰，到人与自然和谐统一的科技。这些文物清晰地展现了中华文明形成、发展的历史脉络，将一个源远流长的东方文明古国呈现在世人面前，向世界展示东方文化的神奇瑰丽，也让每一个中国人在深感自豪的同时，能够共同守护中国记忆，传承中华文明。这些文物瑰宝，是中华文明昨夜灿烂星辰中最为耀眼的明星，也最能唤醒那尘封已久的美好记忆。

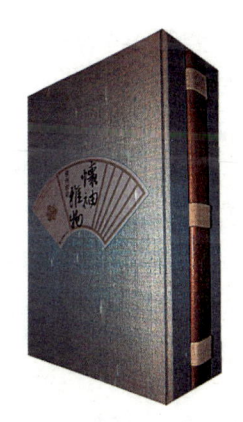

《怀袖雅物——苏州折扇》

学生活动：欣赏获奖的"最美的书"，感受其装帧形式、材质使用，体会内容和形式的一致，感受设计师的观念，总结"最美的书"的评价尺度。

设计意图：激发学生的探索欲望，感受文化传承的途径与力量。

（三）高阶——"最美的书"文化探寻与评价

问题引导：通过这么多的解读、触摸、探寻，我们从获"世界最美的书"奖项的书中，能否归纳出评委们对书的评判标准？对于我们中学生来说，你是否会接受这种标准？

世界最美的书评判标准：① 内容与形式的统一；② 书籍的质感与印制水平；③ 原创性；④ 注重原始的积累，体现文化传承。

教师提问：在推进传承中华优秀传统文化的大背景下，你是如何理解对"注重原始积累的同时体现文化传承"这一点的？在书籍装帧设计中，设计师是如何提炼和运用中国元素的？

学生小组讨论并发言。

教师进行案例分享：吕胜中的《小红人的故事》采用线装方式装订，满铺的红色契合剪纸艺术的视觉特征，不对称的书名文字排版富有现代感。内页版式设计疏密有致、对比强烈，体现了中国传统文化元素与现代书籍设计的结合。

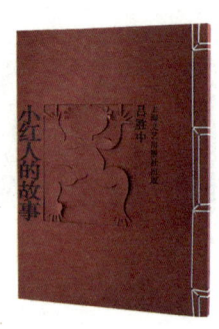
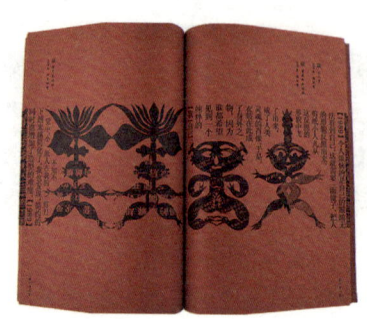

《小红人的故事》

教师再从现实生活中选取案例，揭示文化符号是不可以随便拼贴的。

以线装书为例，与学生探讨，线条与瓷青色纸的关系。从实用向审美进行跨越，从守正向创新进行思考。

（四）顶阶——"我的概念书"的书籍装帧设计

教师引导学生总结：美在何处寻？在我们呈现的图像里，也在我们身边，每个人都应该有对美的发现和阅读的能力。"世界最美的书"，评委们取"最大公约数"因而有了国际评选的标准，但在我们每个人的世界里也有自己的标准，从这意义上来讲"最美的书"就在你的心中。

看了那么多优秀的书籍装帧设计案例，接下来的时间就让同学们来自己动手设计制作一本体现中国元素的概念书。

书籍装订的形式有很多，其中线装是中国书籍装帧的代表性形式之一。教师首先通过视频和课堂的教学展示，让学生理解线装书是如何制作的，并感受中华传统文化的独特魅力，理解古代人民的审美与智慧。

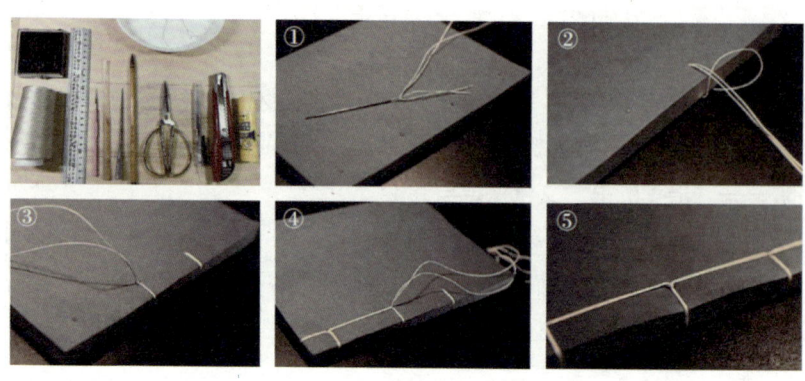

线装书装订步骤图

教师展示现代的书籍装订类型与特点，解释其形成的背景原因：在机械化大生产、印刷工艺革新的影响下，现代书刊装订工艺以机械化、联动化为主要发展方向。技术的革新也重塑了书籍装帧的样貌，有骑马订、无线胶订、裸脊装订、活页装订等等。

 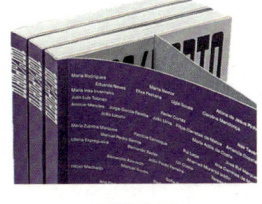  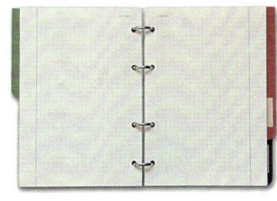

骑马订　　　　　　　　无线胶订　　　　　　　　裸脊装订　　　　　　　　活页装订

本单元从书籍装帧的设计维度到书籍装帧的制作维度进行了深入的学习，教师鼓励学生大胆发挥想象力，用设计师的思维方式完成概念书的书籍装帧设计制作，可以运用不同的装订形式来完成，制作后同学间可以互相展示、介绍自己的装帧设计，共同发现、总结优秀作品的亮点。

 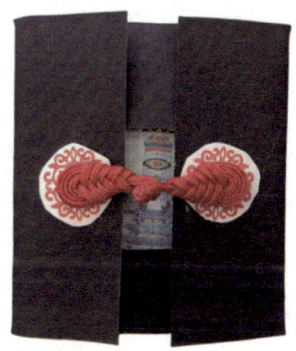 

学生设计的概念书作品

教学反思

1. 关注"趣味"课堂氛围的营造

在新授前，我通过设置系列问题链和实物呈现的方式，将课程前后贯穿，增强了与学生的互动，课堂始终维持着活跃的气氛。

2. 贴近生活，提升文化理解

充分调取学生的生活经验，"让学生更有兴趣、更有能力参与新经验之时，经验才是具有教育意义的"。本课通过贴近学生生活的案例，揭示对"最美的书"的文化理解。

3. 本节课借助书的设计，以一定比例解读优秀传统文化与书籍设计的关联。需要与学生探讨文化符号当代表达的恰当性，并非所有的设计贴上中国元素就是对传统文化的理解与尊重。主张开阔视野的培育。

教学资源拓展

图书资源

上海市新闻出版局.最美的书　国际设计师作品集［M］.上海：上海人民美术出版社，2013.

本书展示了大量国际视角下的优秀书籍设计作品，介绍了许多知名的设计师、设计工作室，书中丰富的图片有助于开拓设计思维，非常适合想要了解书籍设计的读者阅读。

［日］杉浦康平.亚洲的书籍、文字与设计：杉浦康平与亚洲同仁的对话［M］.杨晶，李建华，译.北京：生活·读书·新知三联书店，2016.

这本书收录了国际著名平面设计家、书籍设计家杉浦康平与中国、韩国、印度的六位著名设计师就东方各国的文化异同，亚洲的书籍、文字、设计及这三者之间的关系所进行的对谈，通过他们的对话使读者得以了解这些设计师对本国的文化、文字的思考，以及如何将其融入实际设计工作的体会和经验。

其他资源

"最美的书"官方网站。

4 单元小结

本单元聚焦核心素养，对应课程标准，以史为线，把守正与创新融合在一起。对中国书籍装帧文化的整体巡礼，解构了中国古代书籍装帧文化中的内涵与特质，揭示了现代书籍装帧设计中对中国元素的吸收与表达，显现出在对中华优秀传统文化的躬耕与探索中，具有更多的生长点和更多的超越性。

5 跨学科分析与展望

单元课	跨学科	教学内容设置
第一课 中国书装	美术	从艺术的视角理解古今书籍审美特质与设计意图。
	历史	以史为线，认识并理解中国书籍装帧的整体发展历史和变迁。
第二课 最美的书	美术	结合所学知识，运用艺术的视角完善并制作概念书的书籍装帧。
	语文	在书籍封面案例的欣赏中，理解文学主题与封面设计之间的关联性。
	科学	理解在科学技术的变革下，现代的书籍装订的形式类型与特点。

荷风雅韵

设计及执教：虞红日

绘画和摄影如同一对亲密的伙伴，在视觉艺术的世界里，它们是记录形象的两种重要技术手段，创作者可依托其各自特点与优势，完成审美对象的再现与表达。从绘画中汲取视觉元素与符号完成数字摄影的表达是传统画意摄影的延续发展。中国绘画的独特韵味，为摄影艺术提供了东方审美意蕴的借鉴和参照。

"荷风雅韵"单元课聚焦中国文化中兼具唯美外形和人文含义的"荷"，通过完成"荷风雅韵"画意摄影的单元任务，将中国花鸟画与摄影艺术融合。活动重点是启发学生运用所学去解决问题，在深入感受、体验中国花鸟画"荷"之雅韵的同时，完成带有个人特色的以"荷"为主题的画意摄影，达成对传统花鸟画、现代数字摄影深入理解与运用的目标，实现基于传统文化的美术创新能力发展。

《荷花》，丁宝华画意摄影作品

1 单元概述

单元设计说明

本单元的授课对象为九年级学生。根据《义务教育艺术课程标准（2022年版）》要求，第四学段学习中国画的工笔或写意技法，创作花鸟画、山水画、人物画作品。根据自己对生活的感受与认识，使用不同的工具、材料和媒介，采用写实、夸张、变形、抽象等手法创作美术作品。能运用现代媒体艺术的工具和手段，创作动态、多维的美术作品。

花鸟画是中国传统绘画画科之一，承载着中国传统审美的理念与方法。本单元将充分结合中国传统花鸟画的艺术审美理念与表现方法，通过画意摄影这一艺术表现形式，将现代数字技术与中华优秀传统美术文化进行深度融合，有利于学生对传统文化的理解，同时也创新了学生艺术表现的方式。

单元内容与核心素养

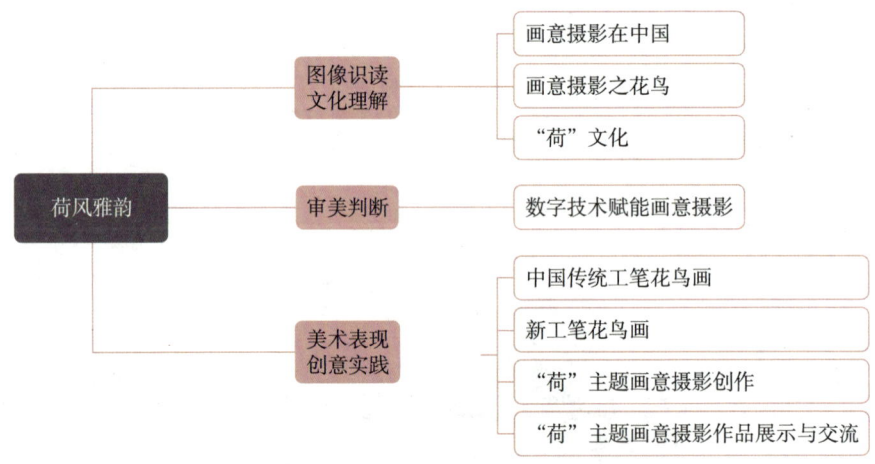

单元研究思路与过程

通过课程创新设计，学生在学习画意摄影的过程中，将传承传统文化和现代数字技术赋能进行完美结合。体现了"图像识读、文化理解、美术表现、审美判断、创意实践"美术学科核心素养。

通过画意花鸟摄影的形式，学生了解画意摄影在中国的发展及特征，在创作"荷"主题画意摄影作品的过程中形成对自然的热爱，以及对传统文化的理解。

数字化媒介与中华优秀传统美术文化结合可以表达思想与情感，并发展创意能力。

2 单元设计

单元大观念	数字化媒介与中华优秀传统美术文化结合可以表达思想与情感,并提升创意能力。
问题情境	无论是古代还是现在,中国人有很多种独特的方法来再现、表现荷花,或充满生机,或清新脱俗,或坚韧不屈,除了画笔还可以用其他方式来展现荷花的独特韵味吗?
基本问题	1. 不同的艺术门类如何进行融合创新? 2. 作品如何创造性地借助现代媒介表达思想、情感?
任务驱动	以"荷"为主题,摄制一幅具有中国传统花鸟画意味的画意摄影作品,进行作品展览。
单元教学目标	1. 了解画意摄影特点,理解画意摄影与绘画表现之间的关系。 2. 基于对中国花鸟画特点的理解,运用画意摄影的方式表现中国传统美术文化中"荷"之意蕴,提升创意能力。 3. 在完成以"荷"为主题的画意摄影作品的过程中,体验中国传统美术文化的传承与创新,通过数字化转型方式弘扬民族文化艺术。

3 单课内容设计

课时安排	第一课	第二课	第三课	第四课
单课名称	画意摄影的魅力	中国荷花画的独特韵味	"荷"主题画意摄影作品创作	"荷"主题画意摄影作品展
任务驱动	理解中国韵味画意摄影作品的独特魅力	学会欣赏以"荷"为主题的中国画作品	创作以"荷"为主题的画意摄影作品	举办"荷"主题画意摄影作品展
教学内容	1. 画意摄影的产生与发展 2. 画意摄影的特点 3. "荷"主题画意摄影作品欣赏	1. 中国花鸟画的特点 2. 赏析传统中国画"荷"的独特韵味	1. 画意摄影经典案例分析 2. 拍摄和制作以"荷"为主题的画意摄影作品	1. 运用现代数字媒介创作表现中国传统文化的画意摄影作品 2. 展示作品并交流心得体会
材料准备	PPT课件、图文资料等	PPT课件、国画作品等	相机、装有Photoshop软件的电脑、拍摄荷花所需的设备	PPT课件、装有Photoshop软件的电脑及操作书籍、画意摄影作品
学习形式	采用欣赏、探究、合作、分享、交流、评议等方法,学习画意摄影的艺术创作,感受中华传统美术文化内涵			
评价方式	本单元的学习评价将过程性评价和形成性评价有机结合,依据学生美术学业质量水平进行测评			

第一课　画意摄影的魅力

教学设计解读

"画意摄影的魅力"作为本单元活动中的第一课,必须要做的是在教学正式展开之前,向学生简单介绍整个单元的主要内容和课时安排,让学生清楚整个单元的学习方向,带着明确的学习目标来参与教学。教学计划按照学生欣赏、思考、理解的过程逐步达成教学目标,帮助学生了解画意摄影及其在中国的发展,欣赏以中国传统文化代表性符号——"荷"为主题的相关作品,关注学生的"审美感知""创意实践""文化理解"等素养的提升,学生在学习中逐渐形成积极的学习动机、批判性思考能力和合作精神,提高自身的文化认同感及民族自信心。

教学目标

知识与技能:知道画意摄影的基本特征。

过程与方法:通过赏析、讨论、归纳等路径,了解画意摄影在中国的发展;通过欣赏"荷"主题画意摄影作品,感受其独特魅力。

情感态度与价值观:领略画意摄影之美,热爱生活,提升文化自信。

教学重难点

教学重点:学生能够对中国画意摄影有深度认知。

教学难点:深入理解荷文化,对我国传统文化及画意摄影产生持续探索的兴趣。

学习任务

通过作品赏析,总结中国风画意摄影作品的特点,重点关注"怎样理解画意摄影的'画'和'意'?""为什么说画意摄影在中国更加有意味?"等问题。

思维导图

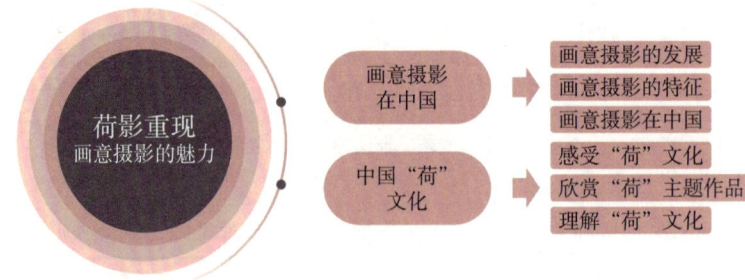

课前知识窗：画意摄影

摄影与绘画间的交汇与缠绵自摄影诞生之日即已开始。画意派运动的先驱们希望摄影能与其他的视觉艺术具有同等地位，身处摄影科技向摄影艺术转型的重要节点，一些艺术家们选择了向绘画学习的道路。[1] 在本核心素养单元活动中，"画意摄影"主要通过前期素材拍摄、后期以中国画意境制作完成的一种仿中国画的数字摄影，它在画面效果上追求唯美的画面和东方意蕴，在技术上融入了数码拍摄和后期图片处理手法。

说到中国的画意摄影，不得不提及郎静山。郎静山，1892年生于江苏淮安，12岁时进上海南洋中学读书，在图画老师李靖兰处学会摄影原理、冲洗和晒印技艺，从此和摄影结下了不解之缘。1930年郎静山在上海松江女子中学开设摄影课，开创了我国摄影教育之先河。郎静山用中国画里的"定景"，其实就是摄影里所说的"构图"来摄影。中国画的绘事"六法"里有所谓的"经营位置"与"传模移写"，在用笔的时候可以取舍万殊，去芜存菁，而摄影则限于机械与环境对象，唯有采取"集锦摄影法"才能不受限制。所谓"集锦"，就是集合各种物景，配合成章，舍画面之所忌，而取画面之所宜者。郎静山的集锦摄影，仿国画、重意境、师古法，在形式上模仿传统国画题材和主题意趣，多取自古画、古诗词，是中国绘画风格和摄影技法的统一，既具有个人的艺术风格，又有着鲜明的民族特色。

教学过程

一、新课导入

1. 欣赏画意摄影作品，谈直观感受

《墨荷》，石广智画意摄影作品

《清风》，石广智画意摄影作品

教师利用PPT课件展示"荷"主题画意摄影作品，请学生欣赏并谈谈自己的感受，或表达自己的观点。

教师请学生思考：这些作品的画面有什么特点？让你想到了什么、感受到了什么？为什么？

学生关注作品呈现的荷花主题，同时将注意力放在摄影作品的构图、影调、色彩、用光等细节上。很多学生表示，这组摄影作品具有中国画的视觉效果，别有一番韵味。

教师总结：同学们可以感受到，这组作品主题明确、线条有秩序、造型准确、有立体感、有想象空间、比例适当、有光影感，同时又带有中国画的视觉审美特点。摄影师注重摄影作品的形式构思、思想内涵，巧妙地把握拍摄时机与主题姿态，作品具有视觉冲击力，重视主题表现的手法、技法和后期制作等。因此这样的作品总是很耐看，越看越有味道。这就是今天老师想和大家一起走近的一类摄影风格——画意摄影。

1　聂劲权. 当代语境下的中国新画意摄影［J］. 美术研究，2018（4）：121–122.

2. 衔接学生经验，明确单元任务

教师：我们已经学习过中国花鸟画的创作和表达，除了用笔墨去画荷花，能不能用其他的方式来完成带有中国画韵味的荷花呢？画意摄影便是方式之一。

3. 设置单课任务

什么是画意摄影呢？摄影师拍出像画一样的照片就是画意摄影吗？带有中国画色彩的画意摄影的"画""意"有何特点？通过本节课的活动，总结中国韵味画意摄影作品的特点。

二、讲授新课

（一）画意摄影的历史

教师以时间为序展示历史上不同流派的画意摄影作品，师生共同欣赏，简单梳理其发展历史，感受其独特的画面视觉效果。

从摄影史上看，画意摄影是极具特色的一派，画意摄影的发展一般被划分为高艺术摄影、自然主义摄影、后画意时期三个阶段[1]。

1. 高艺术摄影

高艺术摄影发源于英国，盛行于19世纪50年代至80年代，主要表现为要全盘模仿绘画，按照绘画的原则和方法、题材和构图完成摄影作品。

2. 自然主义摄影

19世纪90年代前后，画意摄影迎来了第二个发展阶段——自然主义摄影，英国摄影师彼得·亨利·爱默生为最重要的理论提出者和艺术实践者，强调摄影一定可以最大限度地再现人类眼中的自然，关注现实。

3. 后画意时期

经过前两个阶段的发展，画意摄影在19世纪90年代以后至20世纪初颇为流行，各种艺术手段、新的工艺得到探索和运用，进一步丰富了摄影语言，画意摄影呈现出多样化的发展方向，被称为后画意时期。这个阶段，以英国的摄影组织"连环会"和美国的"摄影分离派"最为著名。这一时期的画意摄影师普遍认为，摄影应更注重美感，努力唤起人们的情感和思想的共鸣，而不是关心对事实的记录。

4. 归纳画意摄影的主要特征

在了解画意摄影发展历史的基础上，教师引导学生关注画意摄影的基本特征，在PPT课件的引导下，呈现画意摄像的定义，并尝试归纳其特征。

高艺术摄影作品《逝去》，
［英国］亨利·皮奇·鲁滨逊

自然主义摄影作品《收获》，
［英国］彼得·亨利·爱默生

后画意时期摄影作品《利物浦印象》，
［英国］约翰·杜德利·约翰斯顿

1　赵刚. 世界摄影美学简史［M］. 北京：中国摄影出版社，2018：42-56.

表现特定的主题	**表现瞬间性**
围绕主题甄选对象、场景、风格等题材，然后进行现场拍摄。	用其造型手段强化瞬间形式，将不同时空的典型瞬间组合到同一画面之中，形成瞬间的组合型效果。
表现画理与诗情	**精巧组合技术**
画意摄影作品即要营造空间美（画理）又要表达取景的含义（诗情），二者融汇统一。	通过数字技术处理获得创作想要表达的内容。创作灵感一方面来自对生活的观察、体验，另一方面基于对绘画的鉴赏和修养。

画意摄影主要特征

（二）画意摄影在中国的发展

1. 欣赏中国风画意摄影作品

教师引导学生欣赏画意摄影作品，并介绍：画意摄影在20世纪20年代至30年代从西方传入中国，一经传入就与中国传统绘画审美观相结合，成为中国摄影艺术的主要流派，涌现出刘半农、陈复礼、郎静山等先驱。其中，郎静山的摄影作品以其浓郁的中国传统绘画风格在国际摄影界享有盛誉。他创立的"集锦摄影"，巧妙地将西方摄影技术与中华传统文化及艺术风格相结合，"东方艺术，可为摄影之助，摄影亦足证东方艺术"，彰显了鲜明的中国审美特色，成为中国摄影史中的经典。

师生共同欣赏代表性作品，领略、感受中国风画意摄影作品的独特韵味。

郎静山集锦摄影作品

刘半农画意摄影作品

《松鹤延龄》，郎静山作品

陈复礼作品

佚名作品

教师总结：中国风画意摄影并不仅仅是对实际景物的写实描绘，也在图像中流露、展现出蕴含中国传统文化思想内涵的视觉文化符号，其所营造出的画面感符合中华传统审美意境。

2. 思考与讨论

请学生思考：中国风画意摄影作为摄影艺术的重要表现手法，以其独特且富有意蕴的风格来表达人文美与自然美。你觉得画意摄影中"画"和"意"哪个是创作的重点？

设计意图：这是创作者必须厘清的关键问题，对我们学习者而言更是完成单元任务的重要支撑。在这一教学环节中，学生可能不能完美地回答这一问题，但在此时抛出这个问题，让学生先进行一定的思考和讨论，有助于培养他们的创新能力、文化理解等核心素养，还能更好地衔接下一环节的活动内容。

（三）画意摄影的"画"与"意"

师生通过欣赏"荷花"主题作品，比较、探讨画意摄影作品的画面特点，解决"画意摄影中'画'和'意'哪个是创作的重点"这一问题。

1. 欣赏画面

教师介绍：画意摄影中的"画"是指画面，用类似绘画的形式来塑造摄影作品，强调画面中影调、线条、平衡等视觉形式元素的重要性。画意摄影作品可以有多种形式与风格，诸如油画、水墨、粉画、漆画、版画等，不同风格作品呈现不同的画面效果。

师生共同欣赏不同风格的画意摄影作品，教师适时引导学生思考：不同风格的"荷花"主题画意摄影作品的画面效果各有怎样的特点？

油画效果画意摄影　　　　中国国画效果画意摄影

2. 感受意蕴

教师介绍：摄影师在拍摄画意摄影作品时，通常会在前期构图、光线及环境氛围把控中融入自己的想法，营造意境之美。可见，画意摄影是用"画"的形式来表现"意"，而"意"的表达是整个作品中具象思维过程的反映。画面为"意"服务，"意"为画面增加可读性。"意"来源于创作者的表达需要与审美追求。如郎静山所说，画面上的结构与层次要有艺术性，作品的本身内容具有深刻的意义，要做到余意无穷。

教师请学生欣赏、感受画面，试着谈谈：不同风格的"荷花"主题画意摄影作品带给我们哪些感受，试分析为何会有不同的感受（重点分析作品的异同点）。

学生思考：用电脑软件后期处理修饰好的照片属于画意摄影吗？

（四）融入传统文化的中国风画意摄影

1. 感受中国"荷"文化

荷，出淤泥而不染，被中国文人赋予了清新、高雅、纯净、独立、不随波逐流的特征，在中国传统文化中具有特殊的象征意义，是美好理想的化身。荷花以它生动无言的花语和魅力徜徉在诗情画意与俚俗幻想之间，成为中国人借物言志的物化象征。

教师PPT课件出示包含"荷"这一物象的实用性和文学艺术性特点的图片，师生共同感受作为植物的"荷"的独特性和中国文化语境中"荷"的独特魅力。

荷叶包饭

"荷"主题书法作品

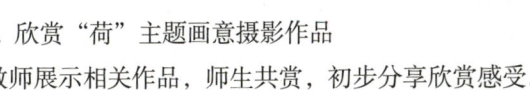
"荷"主题绘画作品

2. 欣赏"荷"主题画意摄影作品

教师展示相关作品，师生共赏，初步分享欣赏感受。

教师：面对荷花这一文化符号，摄影家们思绪万千，并延展出属于荷花艺术世界的诗意旅行。"荷"主题画意摄影是用"画"的方式来表现人们心中的意境。画意即心意，将人内心的精神追求及志向表现在作品中。

《凤凰涅槃　浴火重生　燃烧自己　奉献苍生》
（双重曝光），阮绪华摄影作品

《呵护明珠》，阮绪华摄影作品

在师生欣赏的基础上，学生完成本节课的学习任务：尝试总结中国风画意摄影作品的特点。

（五）活动任务成果交流

学生结合所学及对"荷"主题画意摄影作品的欣赏感受，分享自己总结的中国风画意摄影作品的特点。

三、课后拓展

请学生根据本节课所学，课后查找相关资料，思考并讨论下面的问题。

① 怎样理解画意摄影的"画"和"意"？

提示：刘半农在《半农谈影》中指出，画意，乃是把摄影师感受到的意境，借相机表露出来，体现中国古代绘画中的"意境"美学。"画"是表达"意"的载体，而"意"是"画"内在韵味的体现，是摄影师的精神感悟和审美情趣。"艺术最好的表现方式是不露痕迹的"，那么，我们在拍摄画意作品时，不仅要从画面上做到构图精致、用光讲究、影调优美，更重要的是要追求作品情感、意境和形式的完美结合。人物自然而不矫情，质感真实而不趋世俗，细节周到而不夺目，画面华美而不艳丽。

② 为什么说画意摄影在中国更加有意味？

教学反思

1. 欣赏活动注重调动、丰富学生经验

本节课作为导入课，以欣赏和理解画意摄影的基础知识为主。美术欣赏活动要做到有品位、有利于学生审美情趣的培养，就要积极创造条件，尽可能让学生在审美愉悦中获得美的感悟，要调动学生的欣赏兴趣与日常生活经验，使他们全方位地沉浸其中，然后由内而外地抒发自己的感慨。学生通过这节课的学习，能在生活中主动地去发现美，甚至去创造美，那么本单元的教学目标也就达到了。

2. 应持续关注学生基于活动生成的文化理解

中国的画意摄影在不断摸索中创新与发展，摄影师们通过画意摄影与诗书画印相结合这一方法，将更多的中华传统文化融入影像作品中，传承和弘扬中华传统文化。后续活动应持续关注学生的文化理解，较好地衔接活动，助力学生完成单元任务。

教学资源拓展

图书资源

柴选.中国画意摄影百年［M］.北京：人民邮电出版社，2016.

赵刚.世界摄影美学简史［M］.北京：中国摄影出版社，2018.

［英］大卫·约斯.摄影［M］.匡钊，廉萍，译.北京：生活书店出版有限公司，2014.

张钢.画意摄影［M］.杭州：浙江摄影出版社，1999.

第二课　中国荷花画的独特韵味

教学设计解读

本课作为单元活动中的第二课，承接前一课学习内容和已经明确的单元任务，在导入中简单复习画意摄影和"荷"文化。本课主要围绕写意、工笔画荷花作品展开，学生已有一定的写意画、工笔画创作经验。本课将围绕单元任务，让学生带着明确的学习任务参与课堂教学，通过观赏、分析、讨论等环节逐步达成教学目标。

教学目标

知识与技能：通过"荷"主题作品赏析，知道中国花鸟画的基本特征及创作技法，能够进一步思考、理解新花鸟画的创新发展路径。

过程与方法：通过赏析、理解等路径，感受"荷"主题花鸟画的艺术特色，并形成自己的理解。

情感态度与价值观：领略"荷"主题花鸟画的魅力，激发美术创作热情，提升热爱生活、观照内心的意愿，增强文化自信。

教学重难点

教学重点：对花鸟画有相对全面深入的认知和理解，为后续完成画意摄影作品打下基础。

教学难点：理解花鸟画对个人的自我表现与表达的意义。

思维导图

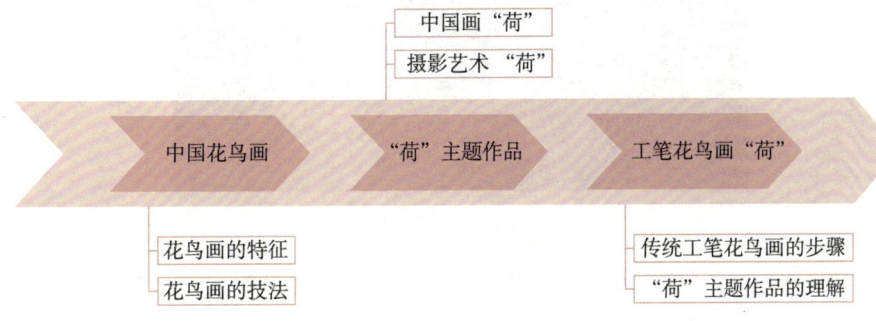

学习任务

欣赏"荷"主题中国画并分享感受。

教学过程

一、新课导入

（一）再赏荷花，深化意蕴感受

师生共同回顾第一课的主要内容，教师用PPT课件出示荷花摄影照片，引导学生在悠扬的古筝音乐中诵读周敦颐的《爱莲说》，顺利过渡到本课内容。

教师：在日常生活和传统寓意中，"荷花"与"莲花"二者的用法并未区分，其实在植物学上荷花只是莲花的一种。荷花出淤泥而不染，花叶清秀，花香四溢，有品格高尚、纯净美好等寓意，素有"花中君子"之称。莲花有并蒂同心者，为一蒂两花，"莲"又与"怜"谐音，是夫妻恩爱的象征；莲花多子，故可寄托多子多福的愿望。

设计意图：以真实的荷花照片配上学生的诵读和教师的解说，让学生从音、形、义三方面对荷花有全面的了解。

荷花摄影照片

（二）明确单课任务

教师明确学习任务：想要完成具有中国文化意蕴的"荷"主题画意摄影作品，首先要了解中国画中是如何表现"荷"的，因此，本节课的学习任务是完成"荷"主题中国画作品欣赏并分享感受。

二、新课讲解

（一）观看舞蹈视频，感受荷之意蕴

教师播放舞蹈《咏荷》的视频，学生观看后教师提问：这段视频以舞蹈这一艺术形式阐释了"荷"怎样的生命旅程？

舞蹈《咏荷》视频截图

教师引导性设问：古今文人墨客还用了哪些艺术形式来表达他们对"荷"的喜爱之情？

学生回答，教师适时引导进入下一环节——"荷"主题中国画欣赏。

（二）欣赏"荷"主题中国画，感受、分析其特点

《出水芙蓉图》，（南宋）佚名

《荷花小鸟图》，（清）朱耷

教师引导学生欣赏作品，思考并讨论：比较《出水芙蓉图》与《荷花小鸟图》，归纳工笔画与写意画的异同点并完成下表。

工笔画与写意画异同点

类别	造型	笔墨	设色	创作程序
工笔画	逼真，精致	精工、细致	妍丽、华美	烦琐，耗时较长
写意画	以形写神	粗简、劲挺	淋漓酣畅	简约，造诣较高

教师补充提示：还有一种中国画表现形式是兼工带写，我们下节课会学习到。

（三）比较真实的荷花与中国画中的荷花

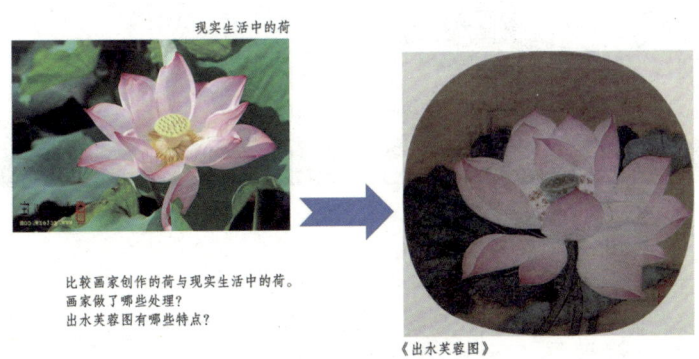

比较画家创作的荷与现实生活中的荷。
画家做了哪些处理？
出水芙蓉图有哪些特点？

比较真实照片与艺术创作中的荷花

教师展示"荷"主题中国画作品与荷花照片，引导学生比较中国画中的荷花与现实生活中的荷花，分析画面特点及画家处理方式。

师生总结：《出水芙蓉图》绘出水荷花一朵，淡红色晕染，花下衬以绿叶，叶下荷梗三枝。作者用俯视特写的手法，描绘出荷花雍容的外貌和出淤泥而不染的特质。全图笔法精工，设色艳丽，不见墨笔勾痕，是南宋院体画中的精品。

（四）以"荷"主题中国画为例，探究、理解新花鸟画

随着时代发展，花鸟画开始呈现出一派前所未有的、异彩纷呈的气象。画家们在传统的基础上大胆创新，使传统的花鸟画具有了现代感。

教师鼓励学生尝试比较分析花鸟画在当代出现的具体变化，如画面的构图、用色、技法等。

思考探究：当代新工笔花鸟画的写实性逼近了摄影，那么，我们能用手中的数码相机"画出"新工笔花鸟画吗？

《太液荷风图》，（宋）冯大有

新工笔画 佚名

新工笔画 佚名

工笔重彩 佚名

摄影作品 佚名

（五）活动成果交流

学生结合所学及"荷"主题中国画作品欣赏，分享自己的欣赏感受。

三、拓展学习

通过互联网查找浏览荷花图片，找出自己最喜欢的荷花摄影图片和艺术作品图片，进行比较欣赏。

设计意图：当学生具备一定的鉴赏力和审美能力，同时又经过两节课的学习对荷文化产生兴趣时，可因势利导，让他们继续进行鉴赏活动，积累审美经验。

教学反思

1. 让民族文化在少年心灵中扎根

花鸟画相关教学有其独特作用，它是培养民族情感，传承民族文化，发扬优秀传统的重要途径。以"荷"为主题的花鸟画欣赏，为学生提供了近距离接触中国优秀传统文化的机会，体会荷花的高洁与生命力，领略中国画特有的魅力，直观感受、体验并达成文化理解。

2. 纵深递进开展单元活动的关键是不断审视活动对于学生完成单元任务的支持力度

本单元任务为学生完成"荷"主题画意摄影作品并展览展示，大部分学生已有中国花鸟画的创作经验，此为前提。活动一安排学生了解画意摄影的特点，以初步欣赏"荷"主题画意摄影作品为基础，理解中国风画意摄影特点。活动二安排学生深度赏读不同特色的"荷"主题中国画作品，了解中国花鸟画的新发展，为后续活动中借助中国画形式特点完成画意摄影作品做准备。

教学资源拓展

工笔画入门教程：工笔花鸟画技法（上网搜索相关内容并学习）。

工笔花鸟画详解：荷花形态与线描（上网搜索相关内容并学习）。

第三课 "荷"主题画意摄影创作

教学设计解读

本课作为单元活动中的第三课，主要围绕中国传统文化符号——"荷"的画意摄影展开，需要两课时完成。在前两课对荷的摄影作品、中国画作品比较欣赏后，本课进入主要单元任务——"荷"主题画意摄影创作，让学生带着明确的学习任务来参与教学活动。

（本节课需户外拍摄，当客观条件不满足时，教师可以在计算机教室进行，素材可通过网络搜索或提前拍摄。）

教学目标

知识与技能：知道用相机和 Photoshop 软件制作花鸟画的方法，能够以"荷"为主题拍摄并制作画意摄影作品。

过程与方法：通过比较赏析、观察、拍摄、软件实操等形式，了解、感受"荷"主题画意摄影的艺术特色，体验创作过程。

情感态度与价值观：领略"荷"主题画意摄影之美，提升数字技术能力，热爱生活，学着美化生活。

教学重难点

教学重点：拍摄并制作"荷"主题的画意摄影作品。

教学难点：用相机和计算机软件制作一幅具有一定艺术韵味的"荷"主题画意摄影作品。

学习任务

拍摄"荷"主题的素材,用相机和计算机软件完成一幅"荷"主题的画意摄影作品。

思维导图

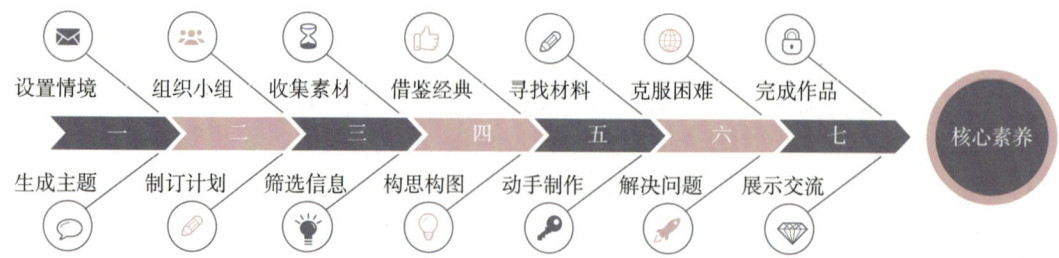

教学过程

一、新课导入

(一)回顾之前活动

师生共同回顾前两课的学习内容。

(二)明确单课任务

教师用 PPT 课件展示美国艺术评论家苏珊·桑塔格的话:"绘画和摄影一个共同的判断标准就是创新,绘画作品和摄影作品往往由于提出了视觉语言的新形式体系或新的变化而受到尊重。"

教师提出问题并明确任务:绘画与摄影有着不解之缘,苏珊·桑塔格说摄影承担起了绘画的某些叙述职能。我们上节课发现很多画家画的新工笔画像照片一样真实,那么,我们能否直接用手中的数码相机去"画"中国画呢?下面我们就来一起尝试。

二、新课讲解

(一)对比赏析"荷"主题画意摄影作品与一般摄影作品

教师利用 PPT 课件出示两幅"荷"主题摄影作品,一幅是画意摄影作品,一幅是常规摄影作品,请学生比较赏析两幅摄影作品,并说说对这两幅作品的感受,以及观察到的画面异同点,并完成学习单。

《荷》画意摄影

《荷》常规摄影

画意摄影与常规摄影的区别学习单

类别	画面构图	影调	用光	色彩	作品价值	其他：
画意摄影	中国画形制	意境营造	没有光影	整体素雅	体现思想观念	
常规摄影	基本套路	唯美	可以有光影	丰富绚丽	好看，令人愉悦	

（注：表中未提及的比较项目学生可以自己添加。）

（二）"荷"主题画意摄影创作

1. 确定创作方案

学生小组讨论确定想要表达的主题，明确所创作的作品要表达怎样的思想情感或观念，形成创作方案。

2. 依据创作方案，完成拍摄及后期处理

创作过程大致分为三个环节：① 前期数码相机拍摄；② 后期软件处理；③ 调试。

（1）围绕主题进行拍摄

外出拍摄荷花，可多拍一些，积累丰富的素材。

户外素材拍摄

在户外拍摄素材时需要关注以下几点：

① 选择阴天或雨后进行拍摄，此时光线较为柔和；避免强烈的阳光照射，强烈的光照容易产生不好看的阴影（可仔细观察工笔画或写意画中有没有表现阴影）；

② 随身携带的照相器材中一定要有稳定的支架和长焦镜头；

③ 根据自己确定的主题来选材，重点关注构图、视角、景别和场景等。

（2）图片处理

学生进入计算机教室，将自己拍摄或下载的素材图片进行抠图处理，为主题创作做准备。

处理图片需要的计算机配置较高，需要提前安装 Photoshop 软件，并要求学生会一些基本的软件操作。学生也可以利用熟悉的其他图片处理软件完成抠图。

教学提示：学生小组活动需要教师带队，安全第一。出于诸多因素制约，也可以从网上搜集高质量的图片或是从教师准备的图片库中选取素材。

学生抠图处理后的素材图片

（3）电脑软件合成素材

学生可将完成抠图的素材进行资源共享。教师引导学生根据拟定的主题和创作方案自行创作，注意在合成素材时要凸显作品的主题。

教师利用PPT课件展示后期制作的方法，并介绍：法国摄影大师卡蒂埃·布列松在《决定性瞬间》中指出，想要把一幅作品的题材尽量强烈地表现出来，必须严格地建立起形式之间的联系。我们在创作时可以模仿大师，学着像大师一样去逐步完善我们的作品。一般情况下，我们可以按照以下步骤来完成摄影作品的后期制作。

① 回溯我们的方案，看看是否需要修改，通过小组交流后进一步完善方案；

② 构思设计、选择构图、甄选素材，并预想画面效果；

③ 按计划实施方案，逐步分层操作；

④ 编辑合成，初步完成方案，通过反复调整最终完成，分享作品。

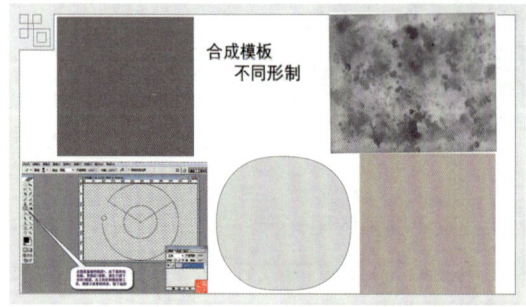 

PPT课件

优秀学生作品

教师引导学生理解：关于画意摄影作品的具体创作，我们需要在制作过程中把握几个要领。一是明晰画意摄影作品的显著特点，即形象塑造力求写实，这也是工笔画区别于水墨写意画的显著特点。二是作品的构图原则完全仿照中国画的样式。三是画面中不要出现光影痕迹，整体画面的渲染力求展现中国画的意境，可配上诗书画印，若打印装裱也要遵照中国画的装裱形制。

> 教学建议：优秀学生作品中我们可以看出，作品多借鉴的是中国花鸟画大师的构图。由于背景渲染图制作耗时长、工作量大，一般由教师提供，学生借助其去实践操作完成作品。出于对画意的追求不一，学生的最终作品需要反复修饰、调整。

三、课后拓展，持续学习

请学生思考并尝试：随着智能手机摄影及手机应用程序的开发与应用，我们能否尝试仅用手机去拍摄、制作一幅花鸟画意摄影作品呢？

教学反思

1. 关注不同水平的学生，使他们都能获得相应的发展

九年级学生已能够形成对荷文化的个人理解，也能进行基本的画意摄影创作。活动过程中需要关注学生之间的个体差异，关注不同学生的创作兴趣和水平层次。在条件允许的情况下，可以以小组形式组织学生户外拍摄，也可以选择在网络上搜集荷花照片素材，支持不同学习情况的学生完成学习任务。

2. 关注学生的学习兴趣，加强对软件实操环节的辅导

画意摄影创作进入后期制作环节后对 Photoshop 的实操能力要求较高，学生需要花费大量时间和精力才能完成心中想要的画面效果。因此，教师在活动中应注重给予学生必要的支持，鼓励学生认真投入，力求实现自我表达。

第四课　"荷"主题画意摄影作品展

教学设计解读

本课是单元活动中的最后一课，主要围绕"荷风雅韵"主题开展画意摄影作品的展示交流。在教学活动中，师生围绕主题展开讨论，发现学生画意摄影作品中的优缺点，探讨后续的努力方向，进一步理解画意摄影作品和荷文化，激发学生对花鸟类画意摄影作品的热爱和持久创作的兴趣，使他们热爱传统文化，热爱生活。

教学目标

知识与技能：举办主题展示活动，能够用费罗门四步鉴赏法去鉴赏、交流画意摄影作品。

过程与方法：通过鉴赏分析、交流分享、展示评价等路径，完成花鸟类画意摄影作品展示研讨活动。

情感态度与价值观：领略画意摄影之美，热爱传统文化，热爱生活。

教学重难点

教学重点：运用费罗门四步鉴赏法鉴赏画意摄影作品。

教学难点：学会评价画意摄影作品。

学习任务

举办"荷"主题画意摄影作品展，并进行鉴赏和交流。

教学过程

一、新课导入

明确单课任务，展示作品

教师直接导入：我们经历前期深入学习后，已经完成了"荷"主题画意摄影作品，接下来，我们将策划举办小型展览交流活动。

展览活动虚拟现场

二、新授讲解

（一）学生欣赏作品，表达欣赏感受

教师鼓励学生之间互相欣赏作品，并自主表达：作品画面效果如何？基于画面欣赏，自己产生了哪些感受？

（二）介绍费罗门四步鉴赏法，用专业方法欣赏交流

1. 介绍费罗门四步鉴赏法

教师：展览展示中观众重点关注的是作品，一般在鉴赏美术作品时我们使用最多的是费罗门四步鉴赏法。① 描述——作品给你怎样的感受？② 分析——艺术家通过什么形式给你这样的感受？③ 诠释——艺术家想表达什么？④ 评价——你喜欢艺术家这样的表达吗？同样，画意摄影作品也可以用这样的方法去鉴赏。

图 4-2 费罗门四步鉴赏法

2. 运用费罗门四步鉴赏法鉴赏交流

教师组织学生进行鉴赏交流，针对作品思考并交流以下问题：

① 最吸引我注意力的是什么，是不是照片的主体？

② 我下一步要看什么？为什么？

③ 主体聚焦和曝光正确吗？有没有理由采用虚焦？在这幅照片里这样做是否有必要？

④ 背景聚焦清楚吗？曝光正确吗？对这幅作品是有利还是不利？

⑤ 主体和背景的颜色看上去自然吗？对照片有利还是不利？

⑥ 照片看上去是很平还是有些（景）深度？真实吗？

⑦ 主体在照片中的位置是不是特别吸引人，或者这样构图是否分散了观众的注意力？总的来说，这样构图对照片有什么样的影响？

⑧ 画面所要表达的，或是有视觉冲击力的部分表现出来了吗？

⑨ 画面剪裁得宽些或者窄些对表达主题有没有帮助？拍摄角度不同会不会对表达主题有帮助？

⑩ 你的鉴赏评价能否帮助作者优化作品？

设计意图：学生在互动交流中深入思考、分析拍摄和制作中的经验和不足。

3. 利用创作评价表完成评价

教师请学生结合创作评价表，从创新维度、视觉语言表述程度、技术成熟和作品价值几个方面评价其他同学的作品，谈体会，说感受，畅所欲言。

教学建议：教师在学生评价作品时需要给出一定的量化标准，才能使评价活动有的放矢。

创作评价表

水平	创作评价标准指导性内容
A	有计划，有详细的制作步骤，实践中有调整、有完善；作品能凸显出有意义的主题，能运用多种素材和创作语言，以熟练的技法、工序去创作；作品能体现画意摄影风格特点。
B	有计划，有明确的制作步骤、任务；作品能表现有意义的主题，运用了材料的特性和多种美术语言，以适当的技法、工序创作，作品能一定程度地体现画意摄影风格特点。
C	有计划，有明确的制作步骤、任务；作品能表现主题和作者的想法，通过较有限的技法、工艺和创作过程，创作出略能表现画意摄影风格特点的作品。
D	有计划，遵循了一定的制作步骤；完成了学习任务；创作出了一个简单的作品。
E	没有计划，基本上不能完成以上任何细则所描述的标准。
评语	最终评定等级

优秀学生作品

4. 总结拓展画意摄影形式

教师总结：在摄影借鉴绘画语言进行创作过程中产生了至少三种类型，其一是仅借鉴中国画形式的摄影，其二是仿名画摄影，其三是将绘画和摄影结合并融入作者创意的摄影，创造性更强。

借鉴中国画形式的摄影

仿名画摄影

将绘画和摄影结合并融入作者创意的摄影

学生思考与讨论：你最喜欢的画意摄影是哪种形式，并说明理由。

以下为学生回答部分摘录。

> 学生A：这次在老师的引领下我们对画意摄影有了深刻的认识。结合大家喜爱的荷花进行创作学习，感觉比较亲近。在浏览网络上的相关信息后，我个人还是比较喜欢在拍摄时更多地借鉴中国画的形式。当然，这也对我们也提出了更高的要求，因为不是人人都喜欢墨色的。网上仿名画的作品很多，总感觉良莠不齐。像常见的对《清明上河图》的再创作就总感觉怪怪的，有亵渎经典的意味。而将绘画和摄影合二为一的方式对目前的我们来说可能有些难，也许将来学习美术专业的同学可以胜任。
>
> 学生B：关于荷花的摄影作品太多了，但像我们今天学习的画意摄影还是挺新颖的。网上也有《荷花的画意摄影》，总感觉没有我们的好看，就好像小学生可能也玩画意摄影。画家画荷花有高雅和俗气之分，我想画意摄影创作也一样吧！关于传统文化艺术如何更好地传承和创新，我想只要方式方法为我们所喜爱，大家还是可以去创造一些东西的。

三、思考与总结

（一）思考与讨论

1. 学生思考与讨论以下问题：

① 是否学会用"描述、分析、解释、评价"的方法欣赏美术作品？自己的欣赏报告是否有见地地评价了该作品？

② 你是否认真地学会了想学的美术技法及创作理念？

③ 当作品完成后，你对本单元的基本问题产生了什么新的认识？

④ 比较最终的作品与最初的创作方案，说出有哪些改变，是否比最初方案更好地表现了主题和你的心声？是否很好地模仿所选风格、使用相应的材质和技法？

⑤ 你认为你的作品是成功的吗？为什么？

⑥ 你的作品可以展示于何处？能与设想的环境融为一体吗？

⑦ 说说你在画意摄影创作过程中的各个阶段（策划创作方案、拍摄、后期软件处理与调试、展览展示）的表现。

2. 教师总结

现代数码技术的快速发展，深刻地影响和改变了摄影的发展和内涵。首先，数码技术的发展使摄影作品在后期可以进行更为精细化的处理，这使得摄影的应用领域更加广阔。其次，随着时代的发展，摄影的选题进一步扩大，现代受众更看重的是摄影作品的质感和冲击力。最后，放眼望去，如今在我们生活的各个方面都充斥着各类画意摄影作品，这也使得画意摄影朝着更快速、更多元的方向发展。希望大家能够将这几节课的所学应用到日常生活中，带着审美的眼光看待周围的世界。

（二）课后拓展探究活动

根据个人学习与创作兴趣，可以持续完善自己的荷花主题画意摄影作品，也可以选择其他题材，完成能够反映个人旨趣的中国风画意摄影作品。

教学反思

1. 展示交流活动应以学生为核心

最后一节课的活动任务是本单元最终的大任务，即举办荷花主题画意摄影作品创作展。展示的作品为学生的学习成果，展示过程中的交流也是学生学习成果的一部分。教师应充分关注学生的表现，如学生对自己的作品有何种诠释，作品创作过程是什么样的，中间出现了哪些问题，采用了什么解决方法，学生有哪些收获或者心得，最终作品是否达到理想的效果，学生对其他作品的欣赏感受、解读、对创作过程的分析及提问等。活动应时刻关注学生的感受与反馈，强化学生画意摄影作品的创作能力。

2. 单元活动的最后环节，要关注学生解决问题能力的提升效果

最后一节课，教师要关注学生在单元活动中对知识与技能的理解和掌握、情感与态度的形成和发展情况，基于学生解决问题能力的发展（即解决单元活动问题情境中的问题），彰显核心素养课程特点。此外，教师应既关注学生学习的结果，又关注他们在学习过程中的变化和发展。以激励为主，更多地关注学生已经掌握了什么，取得了哪些进步，具备了什么能力，不断激发学生完成作品的自信心，促进学生核心素养的发展。

教学资源拓展

仿国画荷花（上网搜索相关内容并学习）。

工笔画效果的荷花摄影（上网搜索相关内容并学习）。

荷韵——仿国画（上网搜索相关内容并学习）。

4 单元小结

随着时代的发展，数字技术赋能学科教学设计与实践在具体的课程开发中越来越得到重视，本着传承和创新传统文化艺术的理念，守正创新课程资源，进行开发实践、研究、分析、再实践的循环教学研究。在具体的教学设计中，基于数字技术赋能学科融合，对学习目标的设定和学习结构的设置进行预测，根据学情需要，教师能够基于学生学习经验，设计并切实落实学科素养教学。

我们毕业啦

设计：赵婧嫱、王娅婷　　执教：赵婧嫱　　指导：秦华

　　现在的人们常说"生活需要仪式感"。六年级的学生面临小学毕业，在即将开启新征程的特殊时期，在这个具有纪念意义的时间节点上，我们可以做些什么，留下点什么呢？

　　孩子的每段时光都弥足珍贵，欢笑或是泪水汇聚成了他们每个人的独家记忆。面对毕业，学生的内心是复杂的，既有对初中生活的渴望和向往，又有对小学阶段老师和同学的不舍。

　　本单元教学引导学生用回忆去捕捉小学六年的美好时光，用影像记录自己曾经学习的地方，记录老师和同学的容貌和声音。让学生去想，去拍，去创作属于自己的毕业季礼物。拿起相机或手机，用微电影的形式记录难忘的小学时光，为小学阶段的学习画上完美句号。我们毕业啦，我们认真说再见！

教室空镜，营造离别氛围

1 单元概述

单元设计说明

《义务教育艺术课程标准（2022年版）》中指出：影视（含数字媒体艺术）学科课程内容包括"欣赏""表现""创造"和"融合"4类艺术实践，涵盖16项具体学习内容，通过具体的学习任务组织教学。3~7年级主要依托美术及信息科技实施，学习任务包括"领略蒙太奇"和"接触多媒体"。学生通过欣赏优秀的作品、开展丰富的实践，形成初步的影视（含数字媒体艺术）认知和应用能力。

本单元以学生为主体。学生在教师的指导下自主拍摄并制作主题微电影，为学生积累视觉、触觉和其他感官的经验，为感知能力、形象思维能力、表达能力和交流能力的发展提供支持。

本单元具有实践性。学生在教学实施过程中运用传统媒介或新媒体创造作品，以发展想象能力、实践能力和创造能力。

本单元追求人文性。学生在学习中需学会欣赏和尊重不同时代和文化的摄影、摄像作品，关注生活中的美术现象，涵养人文精神。

本单元在实践过程中强调愉悦性。学生在微电影制作学习中自由抒发情感，表达个性和创意，增强自信心，涵养健康人格。

单元内容与核心素养

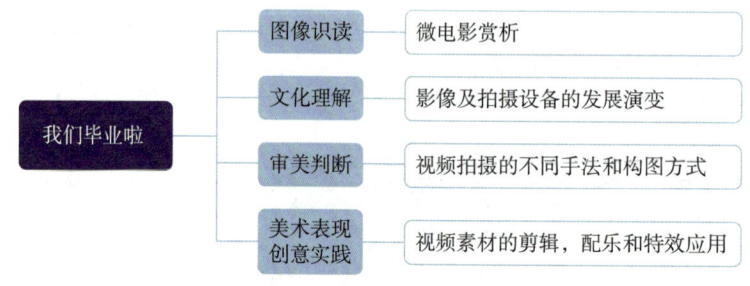

2 单元设计

单元大观念	利用现代媒介技术拓宽学生记录和表达世界的方式。
问题情境	六年级的我们即将要与陪伴我们六年时光的老师、同学和学校说再见，踏上新的征程。我们可以用什么样的方式来纪念和留存这难忘美好的童年呢？
基本问题	如何通过微电影进行表达？ 如何录制微电影？ 如何通过后期编辑完成微电影作品？
任务驱动	创作一部以自己的毕业季为主题的微电影。

续表

单元教学目标	1. 知道微电影制作的基本步骤和方法。聚焦校园生活，能观察、记录、捕捉校园中具有代表性的人物、事物、景物；凝练主题，构思、编写校园微电影脚本，设计微电影文案。 2. 理解电影创作的基本手法和拍摄技巧，如蒙太奇手法，推、拉、摇、移、跟、升、降、俯等拍摄方法在场景中的运用。 3. 运用视频制作软件，进行画面、对白和声音的后期制作，创造优质的画面叙事效果。 4. 对微电影作品进行发布和传播，在校内外进行展示与交流。 5. 在创作微电影的过程中，学会用发现的眼睛捕捉生活中的美好，热爱生活。

3 单课内容设计

计划以三课完成本单元的学习：第一课，以"毕业季"为主题，欣赏相关优秀微电影作品，并构思创编微电影脚本，设定具体的拍摄内容和拍摄方法；第二课，准备拍摄道具，对拍摄地点进行踩点和布置，根据需求选择合适的拍摄手法拍摄视频，为微电影的创作收集照片和视频等素材；第三课，补拍微电影所需素材，利用视频剪辑软件进行视频材料的剪辑和整合，创作属于自己的"毕业季"微电影，并展示交流。

课时安排		第一课	第二课	第三课
单课名称		我是小导演	让镜头说话	我们的微电影
关键词		拍摄主题 拍摄方法 拍摄内容	活动布景 多角度摄影 一镜到底	视频剪辑 视频合成 展示交流
任务驱动		学习摄影方法和技巧 构思微电影内容	对拍摄场景进行布景 完成微电影拍摄	软件合成微电影 与同学展示交流
教学内容		1. 欣赏优秀的"毕业季"主题微电影 2. 了解推、拉、摇、移、跟、升、降、俯等不同拍摄方法 3. 初步构思文案	1. 完成微电影文案的设计及撰写 2. 完成微电影四个部分的拍摄工作：开场、回忆篇、祝福篇、离别篇	1. 了解常用视频剪辑软件，学习基本的剪辑功能 2. 完成微电影剪辑，合成完整的微电影 3. 展示交流
知识点		·微电影特征及发展 ·微电影脚本编写 ·基础拍摄手法	·微电影文案撰写 ·拍摄优质画面	·视频剪辑流程 ·视频剪辑软件使用
材料准备	教师	PPT课件、图文资料、拍摄工具（手机或相机）	PPT课件、拍摄工具（手机或相机）	PPT课件、剪辑工具（手机或电脑）
	学生	拍摄工具（手机或相机）	拍摄工具（手机或相机）	剪辑工具（手机或电脑）
学习形式		采用欣赏、探究、合作、分享、交流、评议等方式，学习微电影制作流程及方法，在此基础上激发学生对生活的热爱和记录生活的兴趣		
评价方式		本单元的学习评价围绕美术学科核心素养，对学生课堂表现及作业完成质量采取过程性评价与形成性评价相结合的方式；同时采取学生自评、小组评、教师评等方式，与同学、教师交流微电影拍摄成果		

第一课　我是小导演

教学设计解读

　　导演是创作影视作品的组织者和领导者，是借助演员表达自己思想的艺术家，是把影视文学剧本搬上荧屏的总负责人。导演的职责很广，大到对整个剧本的掌控，小到对化妆、道具、服装的要求，都要考虑进去。

　　"我是小导演"是核心素养单元"我们毕业啦"中的第一课，将带领学生从观看毕业季主题的微电影或者视频开始，进而分析并学习视频拍摄的方法和内容，最后总结经验。在教学中，以学生为主体，教师为主导，让学生转换思维和身份，内心产生"我是导演"的角色变化，并完成脚本的编制。每位学生需要把自己的想法和考虑的因素说出来，教师对学生提出的方案进行汇总，并帮助他们制定详细的拍摄方案和脚本，要具体到服装道具、语言、走位，以及拍摄地点的选定等。在教学实施中，学生参与度很高，能够在积极的情感体验中发展观察能力、想象能力和创造能力，提高审美品位和审美能力，增强对生活的热爱及责任感，启发并培养学生创造美好生活的愿望与能力。

教学目标

　　知识与技能：了解导演的作用、微电影构思方法；理解并能掌握摄像设备的拍摄功能和使用方法；能够根据画面的需要选择适合的拍摄方法。

　　过程与方法：通过欣赏优秀的微电影作品，分析不同拍摄方法输出的画面效果以及给人的不同感受。

　　情感态度与价值观：通过"毕业季"主题微电影创作，促进正确的人生观、价值观、世界观的建立，提升对生活的热爱。

教学重难点

　　教学重点：理解并能熟练掌握手机或者相机的拍摄功能和方法，制定拍摄方案和脚本。
　　教学难点：能够根据画面的需要选择不同的拍摄方法。

学习任务

　　借鉴优秀微电影作品的思路与方法，构思以"毕业季"为主题的微电影脚本，确定拍摄方案。

思维导图

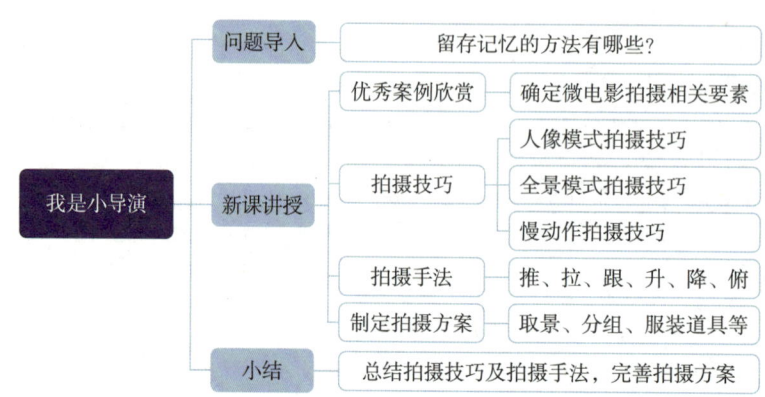

课前知识窗：名词解释

　　脚本，指表演戏剧、拍摄电影等所依据的底本。脚本可以说是故事的发展大纲，用以确定故事的发展方向。

　　人像模式，用手机模拟专业相机的大光圈浅景深效果，自动对焦主体，对背景进行虚化处理，达到突出人像的效果。

　　全景模式，拍摄时通过移动或转动手机使更多的风景入镜，移动或转动过程中相机自动拍摄多张照片，然后通过软件拼接成一张大照片。通常用于拍摄高楼或者大场景。

　　慢动作模式，用于捕捉快速运动时的缓慢动作镜头。

教学过程

一、问题导入

　　教师：我们即将离开相处了六年的老师、同学和学校，踏上新征程，成为一名中学生。绿树成荫的校园、书声琅琅的教室、志同道合的同学，在校园中留下了多少足迹，多少欢声笑语。我们可以用什么方式来纪念和留存这难忘美好的童年呢？

　　学生：写日记、拍摄照片、录制视频……

　　教师：科技不断进步，通过数码摄影技术可以生动鲜活地记录我们的生活。老师将带领大家完成以"毕业季"为主题的微电影拍摄与制作。那么，我们需要做哪些准备呢？

设计意图：通过问题导入，吸引学生兴趣，引出以毕业季为主题的微电影创作。明确单元任务和单课任务，以便后续教学顺利开展。

二、新课讲授

（一）优秀案例欣赏

1. 学生欣赏优秀微电影视频范例（"毕业季"主题的微电影），思考以下问题：

① 视频出现了几个场景？分别是哪几个场景。

② 你在视频中看出了几种拍摄方法和技巧？

③ 视频中拍摄了哪几个活动或环节？

④ 微电影的感情基调是怎样的？

2. 学生观看视频后讨论发言，教师总结：

① 视频有教室、操场、学校特色景观（亭子、书吧等）这些场景。

② 运用了俯拍、仰拍、镜头拉近与推远、人物特写等拍摄方法和技巧。

③ 视频中出现了校园空镜、学生操场玩耍、教室上课和玩耍、老师讲台致辞等环节。

　　教师引导：看完了这个小视频，老师发现每个同学都很激动，老师知道，你们已经把视频当中的人物想象成自己了。同学们想不想尝试拍摄自己的微电影呢？在正式拿起相机拍摄之前，我们先学习一些拍摄技巧。

设计意图：通过视频案例吸引学生学习兴趣，告知学生本单元需要完成的学习任务，同时引出对后续拍摄技巧的教学。

（二）学习拍摄技巧

1. 人像模式拍摄技巧

学生活动：尝试用人像模式给同桌拍照，对比使用人像模式与不使用人像模式的区别。

学生尝试后总结：使用人像模式会有背景虚化的效果，而且会对人物有轻微美颜。

不使用人像模式效果　　　　　　　使用人像模式效果

学生尝试后教师总结人像模式拍摄注意要点：

① 控制模特与相机的距离。采用人像模式拍摄，模特与相机的距离控制在 2～3 米最合适，太近了画面占得太满比较压抑，太远了背景虚化效果不理想。

② 控制模特与背景的距离。要想拍出人物清晰背景虚化的效果，模特与背景要有一定的距离，太近的话，摄像头会以为人和背景是在一个平面，背景虚化效果自然就不好。

③ 避免低角度和高角度。很多人为了达到"大长腿"效果会采用大角度仰拍，为了达到瘦身瘦脸效果会采用大角度俯拍，但这在人像模式下行不通，因为这样的大角度拍摄，摄像头会认为"脸"和"脚"不在一个平面上，会选择性地虚化脸部或下半身。要想都清晰，就用小角度仰拍、俯拍，或者使用普通模式。

2. 全景模式拍摄技巧

学生活动：尝试使用全景模式为室内或室外场景拍一张照片。

学生思考：为使画面美观，使用全景模式时需注意哪些要素？

未使用全景模式　　　　　　　　　使用全景模式

学生回答后教师总结：

① 不论是拍摄全景照片还是普通视角照片，拍照过程中都要"稳"字当先，掌稳相机是第一要务。

② 如想要完美拼接，不出现扭曲的情况，必须要保证取景在同一水平线上。

③ 拍摄风景时应尽量远离拍摄主体，如果靠得太近，拍出的照片会出现畸变扭曲，尤其是中间部分会出现下凹。

④ 拍摄全景时，只要觉得取景够了，就可以随时按下停止键，无需按照手机的取景范围取满直到自动停止，因为在此过程中容易发生位移，造成拼接不完美。

3. 慢动作拍摄技巧

学生活动：尝试使用慢动作拍摄。

教师讲解：慢动作拍摄相对简单，通常以短视频的方式出现，只需在动作开始前按开始键，在动作结束后按结束键即可。拍摄时需尽量保持相机稳定。

设计意图：通过几个学生活动，让学生体验拍摄技巧。讲解人像拍摄模式、全景拍摄模式和慢动作拍摄的技巧，帮助学生初步了解、掌握基础拍照和拍摄技巧，为后续拍摄手法的教学做铺垫。

（三）学习拍摄手法

教师：除了拍摄技巧外，拍摄手法对于微电影的质量同样起到重要作用。基本的拍摄手法有推、拉、跟、升、降、俯。

学生活动：阅读拍摄手法相关材料，完成基本拍摄手法学习单。

设计意图：通过材料阅读和教师讲解相结合的形式学习拍摄手法，辅以拍摄实践，帮助学生深入理解拍摄手法，并在微电影实际拍摄中灵活掌握。

基本拍摄手法学习单

拍摄手法	具体操作	适应场景
推	指被摄体不动，由拍摄机器做向前的运动拍摄，取景范围由大变小，分快推、慢推、猛推，是最常见的一种拍摄手法。	通常作为拍摄一个场景的开始。
拉	被摄体不动，由拍摄机器做向后的拉被运动，取景范围由小变大，也可分为慢拉、快拉、猛拉。在后期剪辑中也经常搭配使用，保证画面不单调。	通常作为拍摄一个场景的结束，与"推"配合出现。
跟	跟踪拍摄，有跟移、跟摇、跟推、跟拉、跟升、跟降等，即将跟摄与拉、摇、移、升、降等多种拍摄方法结合在一起运用。跟拍的手法灵活多样，它使观众的眼睛始终盯牢在被跟摄人物、物体上。	拍摄移动的人物、物体等。
升	匀速或变速上升镜头。	多用于拍摄企业门头、办公大楼、高塔等。
降	匀速或变速下降镜头。	经常与"升"配合使用。
俯	一般用于向下拍摄，高度根据剧情设置，多由航拍摄影完成。	用于表现整体面貌。

（说明：教师在教学中可根据情况，留出表中部分空供学生填写。）

学生在校园中练习拍摄

（四）制定拍摄方案

教师：在掌握拍摄技巧和拍摄手法后，我们需要确定具体拍摄方案。在这里，老师提供了拍摄方案的具体要求。同学们可根据提示，分组完成方案撰写。

学生活动：完成拍摄方案撰写。

拍摄方案具体要求

① 确定以"毕业季"为主题的微电影标题。
② 明确取景地点，如操场、学校标志性场景等。
③ 完成学生分组：5~8人一组。
④ 确定所需服装和道具：身着校服，提前准备风车、气球等拍摄需要的道具。

设计意图：明确微电影拍摄方案的具体要求，让学生通过课上或课后时间，完成取景、分组等工作，为微电影的正式拍摄做好准备。

三、本课小结

教师：本节课，我们欣赏了优秀的微电影作品，学习了拍摄技巧和拍摄手法，最后我们简单复习和概括一下，本节课我们都学习了哪些拍摄技巧和拍摄手法？

学生：学习了人像模式、全景模式、慢动作等拍摄技巧，以及推、拉、跟、升、降、俯等拍摄手法。

教师：请同学们利用课后时间完善拍摄方案。下一节课我们将拿起相机，进行微电影的具体拍摄。

设计意图：总结拍摄技巧及拍摄手法，布置学生课后完善拍摄方案，为下一节课微电影的具体拍摄做好准备。

四、课后拓展

思考与讨论：人们是如何观察到影像的动态变化的？

要点提示：有关此问题的研究有多种说法，但从结果上来看，在视觉中呈现出动态影像的内在原理，大致都来自"视觉暂留"现象。这一现象指的是肉眼在观测事物时，快速移动的物体在影像消失后仍会保留0.1~0.4秒的图像。这是由于人眼的感光细胞依靠感光色素感光，而感光色素需要一定的时间才能形成，继而再将光信号转化为神经电流传回大脑形成视觉。基于这一现象，人们得以发展出后来的电影、电视等影像媒介。

教学反思

兴趣是学习的基本动力之一，教师必须坚信每个学生都具有学习知识的潜能。本课教学适应素质教育的要求，面向全体学生，选择基础的、有利于学生发展的摄影知识和技能，结合过程和方法，安排教学的基本内容，并通过有效的学习方式，帮助学生逐步感受摄影之美，为终身学习奠定基础。在教学中，特别重视对学生个性与创新精神的培养，采取多种方法，帮助学生学会运用美术的方法将创意转化为具体可感的视觉影像，使他们在不同的潜质上获得相应程度的发展。

教学资源拓展

图书资源

刘启武. 微电影时代［M］. 北京：商务印书馆，2015.

视频资源

微电影《调音师》，曾获 2012 年法国恺撒奖最佳短片奖。

第二课 让镜头说话

教学设计解读

"让镜头说话"是"我们毕业啦"核心素养单元中的第二节课。学生在第一课的学习中学习了拍摄技巧、拍摄手法，并且制定了拍摄方案。在第二课中，学生将以小组为单位，对教师、同学、操场及校园代表性建筑进行取景，完成微电影的拍摄工作，为后期剪辑做准备。

综合性学习是当代教育发展的一个新特点。本课的拍摄教学不仅运用到了摄影方面的技巧和方法，还结合了美术中的构图等知识点，旨在发展学生的综合实践能力和探究发现能力。

教学目标

知识与技能：掌握运用手机或相机等拍摄工具多角度拍摄事物收集素材的方法，学会拍摄视频时的打光和走位。

过程与方法：通过自主拍摄和表演的方式，用自己喜欢的形式拍摄微电影素材。

情感态度与价值观：通过对自己和周边生活的关注，感受一部电影生成的不易，体悟成长的喜悦，并以积极的态度去创造美好的生活。

教学重难点

教学重点：利用手机、相机等拍摄工具，运用摄影技巧和手法拍摄具有美感的微电影素材。

教学难点：有组织、有纪律地运用摄影技巧和手法拍摄微电影素材。

学习任务

根据拍摄方案，完成微电影的素材拍摄，并对所拍摄的素材进行整理。

思维导图

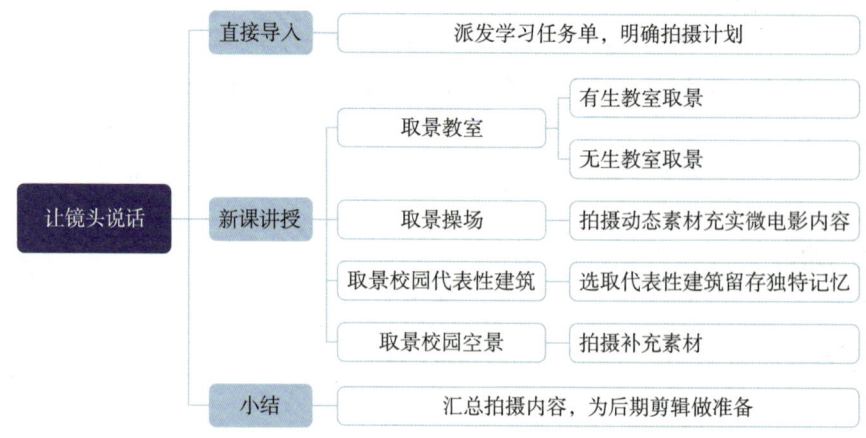

课前知识窗：名词解释

蒙太奇：法语的音译，原义为"构成""装配"，用于电影、电视，有剪辑、编辑和组合之意。蒙太奇是导演依据主题的需要、情节的发展把全片所要表现的内容分解为段落、场面、镜头，运用艺术技巧把一个个镜头合乎逻辑、富于节奏地重新组合，使之通过形象的相辅相成或相反相成的关系，产生连贯、呼应、悬念、对比、暗示、联想等效果，构成一个揭示思想、结构严整、条理通畅、生动感人的影片。

转场：不同空间、不同场景的两个镜头之间的衔接方法。常用的转场方法有承续转场、特技转场、声音转场、特写转场。通过转场可将视频中的段落与段落、场景与场景进行转换。

教学过程

一、直接导入

教师：在经过上一节课拍摄技巧和拍摄手法的学习后，我们确定了拍摄方案。我相信同学们已经摩拳擦掌，想赶快拿起相机进行拍摄了。但是在拍摄前，我们需要像专业的摄影师一样制订拍摄计划，明确要拍哪些镜头。在这里，老师提供了"我们毕业啦"微电影拍摄计划学习单供大家参考。

设计意图：经过第一节课的铺垫，学生的拍摄热情非常高，由于本节课需要完成微电影所有内容的拍摄，故采用直接导入的方法，缩短导入时间，留出大部分课堂时间，供学生完成微电影拍摄。

"我们毕业啦"微电影拍摄计划学习单

拍摄内容	技巧			
	推镜头	拉镜头	跟踪拍摄	升、降、俯
教室				
操场				
校园标志性建筑				
校园空镜				
老师同学集体合影				

续表

拍摄内容	技巧			
	推镜头	拉镜头	跟踪拍摄	升、降、俯
学生代表发言				
补充				

二、新课讲授

（一）教室取景

教师：首先，我们在教室中进行取景。除了拍摄同学上课时的场景外，还可以拍摄哪些内容呢？

学生：拍摄下课活动时的场景、室内操等。

教师：以下课的镜头为例，这个镜头可以用什么摄像功能进行拍摄？

讨论后教师总结：可以选用慢镜头拍摄，也可以使用普通镜头拍摄，后期剪辑时用视频剪辑软件进行调速。

教师：除了拍摄教室内有学生的场景，也可以拍摄教室空镜头，就是画面中没有人物，只有景物的镜头。在没有学生的教室取景，从而制造"从有到无"的氛围感，为离别的感情做一些铺垫。拍摄教室场景时，我们可以采用上一节课学习的什么拍摄技巧呢？

学生：采用全景式拍摄技巧，可以从视觉上扩大教室空间。

设计意图：提供多种方案供学生选择。同时引入后期剪辑知识，让学生在拍摄时对视频剪辑有所思考，为下一节课视频后期处理做铺垫。在拍摄场景的选择上，可先选择室内场景后转至室外，也可调换顺序。

设计意图：在此处插入空镜的概念，丰富学生微电影的学习内容。将拍摄技巧运用于实际拍摄中，学生通过自主拍摄，进一步理解不同拍摄技巧的运用场景，加深理解。

教室空镜，营造离别氛围

（二）操场取景

教师：微电影的拍摄不要局限于室内，我们还可以在校园内取景。接下来，我们就整队有序离开教室，排队进入操场，完成操场部分的拍摄。

教师整队，列队进入操场取景

学生活动：根据课前自主分组的结果，以一组一队的方式列队。

列队整齐后，教师介绍拍摄动作和转场方法，引导学生思考：操场可以拍摄什么动态素材来充实"毕业季"主题微电影。

学生回答后教师总结：

① 学生奔跑的身影；

② 男生或者女生围成一个圈，拍摄者站在圈中心位置，转圈拍摄，让每一个同学都入镜；

③ 男生或女生站成两排，拍摄者站在两队中间，匀速往后退，从第一个同学拍摄到最后一个同学为止。

教师提醒：拍摄时需注意构图，脚下留白少，头上留白多，这样可以尽量真实地还原人体比例。

教学建议：校园操场取景拍摄须由老师带队完成。此时须注意纪律问题，同时注意控制时间，以便为后续其他镜头的拍摄预留时间。

（三）校园代表性建筑取景

教师：除拍摄操场活动外，还可以选择校园中具有代表性的建筑进行拍摄。例如校园中的亭子就是不错的选择。当然，在校门口也曾发生过很多故事，也可以作为拍摄的场景。在这些有代表性的建筑旁，可以拍摄哪些动作呢？

学生：向镜头挥手、脸凑近镜头微笑……

教师：可以拍摄单人画面，也可以与小伙伴一起，留下美好回忆。拍摄时要注意安全。

教学建议：在拍摄校园代表性建筑时，教师须注意学生安全，避免拍摄存在潜在风险的区域。

（四）校园空镜取景

教师：回忆上一节课播放的优秀微电影案例。视频中除了操场、标志性建筑等室外场景外，还可以拍摄什么素材充实微电影呢？

学生讨论后教师总结：之前拍摄的素材大多都是学生的活动，我们还可以在微电影中加一些景观空镜，就是没有人物只有景观的镜头，可以拍摄学校大门、校园环境、教学楼等。

教学建议：由于拍摄空镜为教学拍摄活动中最后一个环节，要控制好时间。

校园空镜取景

三、本课小结

教师：本节课我们拿起相机，进行了实际的拍摄。同学们在拍摄的过程中遇到了哪些困难呢？

学生：同学间配合还不太好，需多次尝试才能完成镜头拍摄；手持相机时，可能会造成镜头晃动；等等。

教师有针对性地分析原因并引导学生寻找解决方法，并总结：我相信接下来的学习过程中，通过合作、练习，可以避免这些问题。今天我们所有的微电影视频素材都已拍摄结束，同学们课后需做好整理，为下一节课的后期剪辑做准备。

设计意图：总结反思视频拍摄过程中遇到的问题，分析原因，寻找解决方案。同时做好视频素材的整理工作，以防素材丢失。

四、课后拓展

教师请学生思考与讨论：如何衔接两个视频素材，进行转场？

要点提示：

① 黑屏转场。几乎每部影片里，都会有多个黑屏转场出现。它明确地告诉观众接下来时空或场景将发生变化，给观众留下了喘息的时间。在画面风格发生转换时，就常用到此类转场方法。比如激烈的打斗之后；需要渲染情绪时，就需要切换到较为柔和的风格。

② 承接转场：利用了上下镜头内容的呼应关系进行转场。比如，通过人物的话术来承接，主人公说要去操场了，下一秒钟画面就出现他在操场的场景。这便是通过具体的情节直接转换场景，从而使上下画面情节合理又有趣。

③ 遮挡转场：所谓"遮挡"，即指镜头被某一具体的形象暂时覆盖住，通过这唯一的具体形象来过渡画面，实现转场。

教学反思

本课对学生要有阶梯式的教学要求，可以采用学习单的方式进行授课。对于动手能力强、思考能力强的同学，对他们提出的拍摄要求也应有一定程度的拔高。本课的作业形式较为开放，每位同学都能拍摄到一些对应的素材即可，拍摄手法没有固定的要求，因此为学生提供了更多发挥的空间。

本节课要求学生"自导自演"，参与拍摄。由于学生需要去教室外取景、取材，因此要求学生一定要有计划、有组织地进行，否则，就会很容易出现课堂效率低下、学生自由散漫，甚至出现聊天嬉戏打闹的问题。需要老师做好充分的准备，以及拥有管控学生的能力。

教学资源拓展

图书资源

黎力. 微电影理论与创作 [M]. 上海：上海三联书店，2018.

视频资源

微电影《拾荒少年》，一部以"回家寻根"为主题的微电影，讲述一大一小两个拾荒者因一张旧照片结缘，之后共同寻找小拾荒者生母的故事。影片曾在第49届金马奖评选中斩获"最佳创作短片"。

第三课　我们的微电影

教学设计解读

"我们的微电影"是"我们毕业啦"核心素养单元的最后一课。本课是前两课学习内容的成果展示和汇总，也是整个单元中最重要的一课，即对所拍视频资料的编辑，使之成为一个连贯的、具有美感或者故事情节的小影片。本课的视频编辑主要运用"剪映"和"爱剪辑"两个视频编辑软件。"剪映"主要用于衔接各个小视频，并添加恰当的音乐和特效；"爱剪辑"主要用来调节画面速度。当然，剪辑软件也不限于此，也可根据实际情况使用其他视频编辑软件。

教学目标

知识与技能：掌握视频编辑软件的使用方法和剪辑技巧，学会介绍微电影的内容和特色。

过程与方法：通过教师示范、视频编辑软件功能介绍、自主尝试等方式，理解视频编辑软件中常用的功能和效果。

情感态度与价值观：能够理解微电影制作的规律和艰辛，激发热爱生活、记录生活的兴趣。

教学重难点

教学重点：学会使用视频编辑软件对微电影进行编辑。

教学难点：在视频编辑的同时插入合适的音乐和特效，使整个影片具有美感，衔接恰当。

学习任务

利用视频编辑软件，对已拍摄好的视频素材进行剪辑，完成微电影的制作。

思维导图

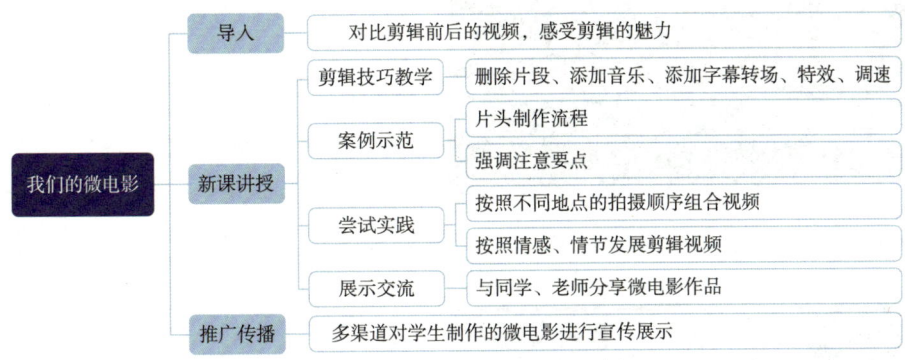

课前知识窗：什么是剪辑？

剪辑，即将拍摄的大量视频素材，经过选择、取舍、分解与组接，最终完成一个连贯流畅、含义明确、主题鲜明并有艺术感染力的视频作品。美国导演格里菲斯最早采用分镜头拍摄的方法，再把这些镜头组接起来，从而产生了剪辑艺术。剪辑是电影制作过程中一项必不可少的工作，也是电影艺术创作过程中所进行的最后一次再创作。法国新浪潮电影导演戈达尔甚至认为，剪辑才是电影创作的正式开始。

教学过程

一、视频导入

教师播放未剪辑的视频素材与剪辑后的视频成片，请学生说一说两者之间的区别。

学生：剪辑后的视频有着更生动的效果，衔接更加流畅。

教师：这就是剪辑的力量，通过对视频原素材的编辑处理，可以使视频达到不同的效果。今天这节课我们将利用上节课拍摄的视频素材，学习视频的剪辑，完成微电影的制作。

设计意图：通过未剪辑和剪辑后视频的对比，让学生发现剪辑的力量，激发学生兴趣。同时，播放的剪辑后的视频是学生制作的优秀微电影案例，可为学生的创作提供案例参考。

二、新课讲授

（一）剪辑教学

教师：我们已经了解了视频剪辑的魅力，那么如何进行视频剪辑呢？我们可以利用什么进行视频剪辑？

学生：可以利用手机或电脑上的剪辑软件。

学生自主操作剪辑软件，通过自学，尝试对视频素材进行编辑，并与同学交流分享发现的剪辑功能。

教学建议：先让学生自主操作、摸索，并分享视频剪辑的技巧，再由教师归纳总结示范，对于基础的视频剪辑技巧进行讲解，加深学生对于视频剪辑技巧的理解。

删除片段

1. 删除片段

操作过程：点击"开始创作"，选择要剪辑的视频，点击"剪辑"，再点击"分割"，把要删掉的部分分割开来，点击"删除"，最后点击"导出"即可保存。想删除哪一部分，就把白色的小边框划到哪里，点击"删除"即可。

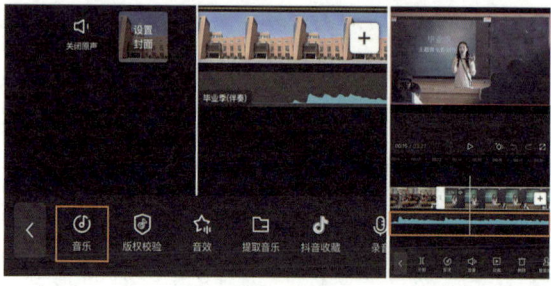

添加音乐

2. 添加音乐

操作过程：在不选择任何轨道的情况下，下方工具栏第二个功能键就是"音频"，点击进去，在"音乐"中选择自己满意的音乐添加进去即可，同时也可以对该音乐进行剪切。如果想要去掉原视频的声音，点击该段视频的轨道出现白框，点击下方工具栏中第三个功能键"音量"，音量调到最小或关闭原声即可。

3. 添加字幕

操作过程：在不选择任何轨道的情况下，下方工具栏第三个功能键就是"文本"，点击进去，点击"新建文本"，输入文字即可。同时可以对该文字进行样式、字体、动画的调整。

添加字幕

4. 视频转场

操作过程：在一段视频和另一段视频衔接处，点右图标示的小方块，就会出现各种不同的转场效果。

思考：在编辑视频的过程中，哪些地方可以运用到转场？

学生回答后教师总结：场所环境的突然转变、人物的变化等。

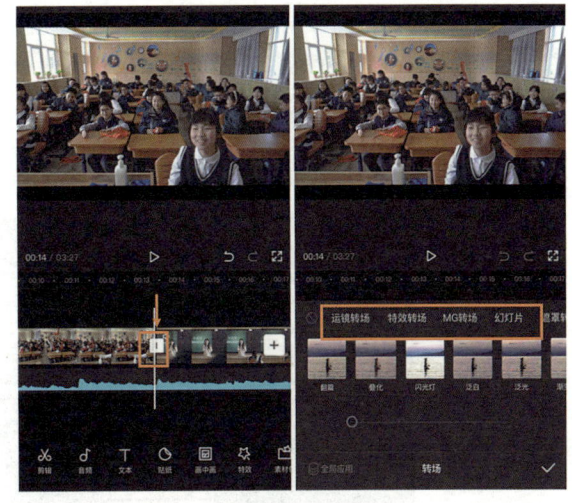

视频转场

5. 添加特效

操作过程：点击"特效"会出现"画面特效"和"人物特效"两个功能键，点击"画面特效"，就会出现各种特效选项。

添加特效

6. 视频调速

操作过程：点击需要变速的一段视频，下方工具栏会出现"变速"，点击并选择"常规变速"，按住红色圆点，往左会变慢，往右会变快，调好后点击右下角"✓"即可。

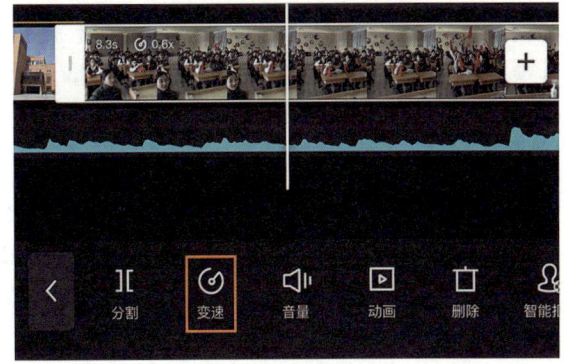

视频调速

（二）剪辑案例示范

教师：如何在剪辑视频的时候，运用这些剪辑技巧？接下来老师利用这些剪辑的基本技巧，示范片头的制作。我们一起来看看制作片头的步骤是怎样的。

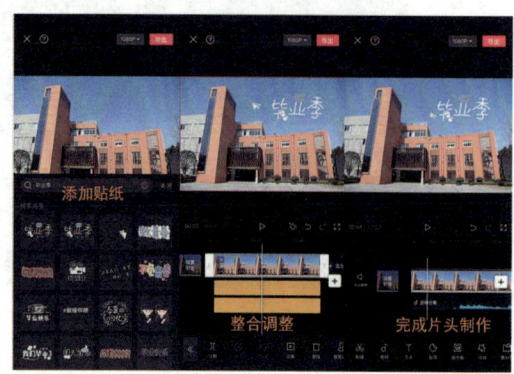

片头制作示范

学生回答后教师总结步骤。

步骤1：选一张校园空镜作背景，点击照片轨迹，可适度延长照片轨迹，多余的部分后期也可以修剪。

步骤2：点击照片轨迹下方黑色空白处，工具栏就会改变。在工具栏"贴纸"中搜索"毕业季"会出现相关主题字体，可以直接用，也可以调整贴纸的大小和位置。

步骤3：在工具栏中找到"音频"点击进去，里面会有具体的音乐编辑功能，选择"音乐"搜索"毕业季"字样，同样会出现相关的音乐，选择合适的音乐添加并剪切。

教师：当然，同学们在制作过程中也可以选择不同的制作流程，尝试运用多种剪辑技巧使微电影丰富起来。

设计意图：教学完视频剪辑技巧后，教师示范片头制作并强调注意要点，为学生的具体操作提供抓手，以照顾到不同发展水平的学生。教师应对有探索精神的学生给予鼓励。

（三）尝试实践

教师：我看同学们已经跃跃欲试了，接下来就给大家时间剪辑微电影。在剪辑微电影的过程中，可按照不同的逻辑顺序进行剪辑，老师在这里提出两种参考方案。

方案一：按照不同地点的拍摄顺序进行剪辑。

方案二：按照校园空镜—回忆校园生活—分别的感情线进行剪辑。

学生剪辑上一节课拍好的微电影素材，学生剪辑过程中教师巡视，及时提出建议。

设计意图：提供两种可操作的方案，以便学生选择。本环节为课程教学的重点，需控制课堂纪律，同时注意学生的剪辑情况，需及时提醒学生把控时间，在有限的时间内完成视频剪辑工作。

（四）展示交流

学生活动：分享自己的微电影作品，交流自己的创作心得，并总结视频剪辑的要点。

设计意图：为学生提供展示自己作品的机会。同时借此进行自评、小组评、教师评的评价环节。

三、推广传播

教师：我们已经完成了微电影的创作，并且在班级中进行了分享。我们还可以通过哪些途径与他人分享呢？

学生：上传至社交平台。

教师：课后同学们可以将自己拍摄的微电影上传至社交平台，对自己的微电影作品进行传播与推广。经过三节课的学习，我们完成了以"毕业季"为主题的微电影。不仅如此，我们也学习了摄影的基本技巧、摄影的基本手法、实地考察的方法、制定拍摄方案的方法、视频的剪辑技巧等。在以后的生活中，我们也可以常常拿起手机、相机，记录生活，留下美好瞬间。

设计意图：鼓励同学们在更大的平台上宣传自己拍摄的微电影。本课为本单元的最后一课，需在同学们完成微电影制作的基础上，总结三课内容，鼓励学生记录生活。

四、课后拓展

十几年前，作家余秋雨曾这样谈及 DV：我觉得 DV 这个事情挺大的。它不仅仅是一个短片、一个影视作品，最重要的是，它是一种生活方式。有那么一些人，他们不一定是专业摄影师，却可以举起相机，他们不是为了宣传，甚至不是为了播出，只是感到"有点意思""值得纪念"，便把影像留了下来。

思考与讨论：十几年过去了，摄影的方式从人人可用的 DV 发展到更加便捷、普及的手机，真正融入了我们的日常生活。你是否赞同余秋雨说的"生活方式"？

教学反思

由于每位学生所拍摄的素材是不同的，所以编辑出来的效果也各不相同。老师也可以发给学生一些自己拍摄的素材作为补充，方便学生编辑。但是不管怎么样，学生只要能通过视频编辑软件创作出一个属于自己的小视频，都是值得鼓励的。学生在制作的过程中既兴奋又激动，一是觉得很有趣，二是看到视频中有自己和同学的身影觉得很高兴。老师要提醒学生不要只顾情绪上的兴奋，而忘记最重要的事情——专心研究软件的功能和调试各种音乐特效，这样才能在有限的时间内完成自己想要完成的事情。

教学资源拓展

图书资源

国玉霞，白喆，郝强．微电影创作技巧［M］．北京：清华大学出版社，2014．

视频资源

微电影《零元招租》，极具社会意义，曾感动亿万观众。

4 单元小结

随着多媒体的发展和对生活影响的深入，摄影技术成为每个 21 世纪的人必需也是必备的技能之一。本单元教学顺应时代的发展和学生的需求。学生在以"毕业季"为主题的微电影拍摄过程中，学会制定拍摄方案、自主拍摄具有美感的素材、剪辑影片等多种技能和方法。

5 跨学科分析与展望

单元课	跨学科	教学内容设置
第一课 我是小导演	美术	从艺术的视角去赏析影视短片。
	戏剧与影视学	了解导演的作用和影视短片产生的过程，学习以导演的视角去编写脚本和策划方案。
第二课 让镜头说话	美术	运用美术中的不同构图方法表达镜头语言。
	摄影	运用摄影专业中不同的摄影技巧和方法支撑整个拍摄过程，从而促使学生完成高质量和理想中的影像作品，为后期的影片剪辑和选择打下坚实的基础。
第三课 我们的微电影	美术	在视频编辑的过程中，能根据光的变化和色彩的调和使影像作品具有美感和意境。
	音乐	根据不同乐曲的风格和节奏选择合适的背景音乐。